La universidad ante el genocidio

La universidad ante el genocidio

Reflexiones desde la Red Universitaria por Palestina

Margarita I. Asensio Pastor
Irina Fernández Lozano
Alejandro Forero-Cuéllar
Ignacio Mendiola
Guillermo Muñoz Matutano
Roser Rodríguez Carreras
(eds.)

UNIVERSITAT DE BARCELONA
Edicions

Debats UB

Universidad de Barcelona. Datos catalográficos

Red Universitaria por Palestina, autor

La universidad ante el genocidio : reflexiones desde la Red Universitaria por Palestina. – Debats UB

ISBN 978-84-1050-068-6

I. Asensio Pastor, Margarita Isabel, editor literari II. Col·lecció: Debats UB

1. Red Universitaria por Palestina 2. Universitats públiques 3. Drets humans 4. Comunitat i universitat 5. Guerra Israel-Hamàs, 2023- 6. Genocidi 7. Palestina (Estat) 8. Espanya

© Edicions de la Universitat de Barcelona
Adolf Florensa, s/n
08028 Barcelona
Tel.: 934 035 430
www.edicions.ub.edu
comercial.edicions@ub.edu

ISBN: 978-84-1050-068-6
Depósito legal: B 2910-2025
Impresión y encuadernación: Gráficas Rey

MIXTO
Papel | Apoyando la
silvicultura responsable
FSC   FSC® C131084
www.fsc.org

Índice

Prólogo

¿Qué he hecho yo, padre,
y por qué yo?
Tú me has llamado José
y ellos me han arrojado al pozo y han acusado al lobo.
Y el lobo es más clemente que mis hermanos.
Padre, ¿acaso he ofendido a alguien cuando he dicho que
he visto once astros, el sol y la luna, y los he visto
prosternados ante mí?

Mahmud Darwish
«Soy José, padre» en *Menos rosas* (1986)

Lo terrible de la catástrofe palestina es que nadie creía
en ella porque la ensombrecía la tragedia del Holocausto
judío. Nadie creía en el sufrimiento de aquel pueblo y
me parecía que mi deber como escritor, como intelectual
y como ser humano, era hacer saber a todo el mundo lo
que estaba ocurriendo.

Elias Khoury
Declaraciones en *Vida y Artes*, suplemento cultural
de *El País*, 2 de abril de 2008

La historia de la humanidad, en su transcurrir por el tiempo, ha sido testigo de numerosas tragedias, algunas de las cuales han dejado una huella imborrable en la conciencia colectiva. Una de estas tragedias, una de las más dolorosas y devastadoras, es la de Palestina y su pueblo; tragedia que se lleva prolongando más de setenta y cinco años y que, en los ocho últimos meses, se ha agudizado con escenas devastadoras y terribles que nos llegan desde Gaza; no son pocas las voces que, cada vez más alto y claro, se refieren a esta nueva tragedia, a la barbarie israelí contra el pueblo gazatí, como la nueva Nakba.

El 10 de abril de 2024, setenta y seis años después de la masacre de Deir Yassin, tuvo lugar un hito para la historia de las universidades del territorio español en tanto que más de cuarenta de ellas, distribuidas por toda su geografía, se conectaron para escuchar a Francesca Albanese, Relatora Especial de las Naciones Unidas sobre la situación de los derechos humanos en los territorios palestinos ocupados. La relatora ha documentado, por medio de una exhaustiva investigación, las múltiples violaciones de los derechos humanos cometidas por Israel en el informe titulado *Anatomía de un genocidio*. En él, Albanese realiza un análisis detallado de los acontecimientos y políticas que han llevado a lo que se puede caracterizar como un proceso genocida contra el pueblo palestino. Por tanto, el uso del término «genocidio» en el contexto de este libro no es ni accidental ni ligero, sino que se basa en un análisis cuidadoso y fundamentado de los hechos y sus implicaciones legales y morales.

A lo largo de todas estas décadas, el pueblo palestino ha sufrido la persecución, la violencia y la opresión por parte del Estado ocupante de Israel, que busca negarle su identidad, su tierra y su dignidad. Las atrocidades cometidas contra este pueblo antes y ahora, que incluyen desplazamientos forzados, bombardeos indiscriminados y bloqueos inhumanos, han dejado un saldo demasiado elevado de vidas perdidas, familias destrozadas —cuando no borradas por completo del censo— e infancias truncadas, así como de mutilaciones físicas y emocionales.

Es imperativo reflexionar sobre esta tragedia, reconocer el sufrimiento del pueblo palestino y hacerle justicia. Desde esta perspectiva, cabe preguntarse si la universidad, como institución de enseñanza, de investigación y de debate, con la responsabilidad de denunciar, documentar y luchar contra el genocidio, así como de promocionar la paz y los derechos humanos, puede permanecer impasible ante la actual masacre del pueblo palestino. Una masacre sin precedentes que llevamos viendo a diario y en directo desde hace ya muchos meses y que se añade a tantas otras. La «catastrofización» de Palestina lleva más de setenta y cinco años ocurriendo ante la pasividad del panorama internacional, cuando no con su beneplácito para que continúe la brutalidad colonial israelí sobre ella. Ante esto, las aulas universitarias deben servir para forjar mentes críticas, capaces de cuestionarse las injusticias y de promover la conciencia social. Y este es, precisamente el espíritu de estas páginas.

De igual modo, como institución académica, como académicos, ¿cómo podíamos permanecer impasibles ante el academicidio de Palestina? Recordemos que Israel ha eliminado, a consecuencia de bombardeos intencionados, todas las universidades y gran parte de la red de centros educativos en Gaza, al tiempo que está sometiendo a represiones a las instituciones académicas en Cisjordania.

En el contexto de la injusticia, la violencia y, sobre todo, el genocidio, la universidad tiene la responsabilidad de ser un espacio de reflexión y de acción orientado a la prevención y denuncia de estos crímenes atroces —y a la visibilización de las violaciones de los derechos humanos—, promoviendo así la paz, la tolerancia, el respeto por la dignidad, la justicia y la no impunidad a través de la educación, la investigación y la acción colectiva, todo ello con el objetivo de contribuir a construir un mundo más justo y humano, donde el genocidio y la violencia se rechacen de manera contundente y, en última instancia, no sean posibles.

En definitiva, la universidad tiene el deber ético y moral de ser un punto de referencia en la lucha contra el genocidio, en este caso, el genocidio del pueblo palestino a manos de Israel, un Estado al que se victimiza constantemente, mientras que se criminaliza —constantemente— a las víctimas que se resisten a desaparecer y ser expulsadas, para siempre, de su tierra, Palestina. Así pues, conscientes del hito histórico que está suponiendo esta consumación de la violencia y la opresión contra Palestina desatada a partir de octubre de 2023 y que Albanese pone de manifiesto en su informe, la Red Universitaria por Palestina (en adelante RUxP) no ha hecho sino traducir esta evidencia en cinco exigencias que hemos elevado a los gobiernos de nuestras universidades, a la Conferencia de Rectores y Rectoras de las Universidades Españolas (CRUE) y al Ministerio de Ciencia, Innovación y Universidades y que, a nuestro juicio, representan los compromisos mínimos que todos ellos deben adquirir para evitar cualquier forma de complicidad con los crímenes contra la humanidad que se han cometido y siguen cometiéndose.

Los cinco puntos —1) la condena del academicidio; 2) la exigencia de un alto el fuego inmediato y de la entrada de ayuda humanitaria; 3) la dotación de recursos económicos para la cooperación académica con Palestina; 4) la suspensión institucional con la academia israelí, y 5) la exigencia al Gobierno de la ruptura de relaciones con Israel— dan así cuerpo y forma a la letra de la Ley Orgánica de Universidades cuando nos recuerda, en su artículo 2.3, que las universidades han de tomar como referente de sus funciones —entre las que se encuentra la «generación de espacios de creación y difusión de pensamiento crítico»— los derechos humanos fundamentales. Los sucesos acaecidos desde que se conoció el contenido del informe de la relatora hasta el momento de escribir este prólogo no hacen sino confirmar que dichas exigencias son ya absolutamente ineludibles desde el punto de vista legal, moral y humano.

El presente volumen recoge una muestra de los acontecimientos que se desarrollaron en las instituciones académicas y centros de investigación del territorio español, como integrantes de la RUxP, tras la intervención de Francesca Albanese. Los textos que componen este monográfico nos acercan así a lo escuchado, lo debatido, lo reflexionado y, en esencia, lo vivido en cuarenta y tres universidades españolas el 10 de abril de 2024. Sirvan pues estas páginas para abrir un espacio de reflexión crítica y diálogo que destaca la importancia de una aproximación basada en los derechos humanos y el derecho internacional a fin de lograr una paz justa y duradera para el pueblo palestino. Las distintas acciones llevadas a cabo en el ámbito universitario el día de la conferencia de Francesca Albanese y el posterior trabajo de coordinación que se está realizando entre los distintos nodos que componen la RUxP quieren constituirse en un espacio plural de denuncia continuada tanto del genocidio en curso como de toda la maquinaria política, económica y tecnológica que, a diferentes niveles institucionales, lo hace posible. Desde este sustrato, queremos que estas páginas sirvan como testimonio de nuestro compromiso con la paz, la justicia, los derechos humanos y el derecho internacional en solidaridad con Palestina y su pueblo. Una solidaridad completa y de aspiración global basada en la alianza y la convivencia entre los pueblos.

MARGARITA I. ASENSIO PASTOR
Verano de 2024

PRIMERA PARTE

Las trabajadoras de la universidad ante el genocidio

IGNASI BERNAT

Universitat de Barcelona

Bienvenidos y bienvenidas a este acto que organizamos desde la Red Universitaria por Palestina. Somos un colectivo de trabajadoras de distintas universidades de todo el Estado, algunas somos académicas, otras somos de administración y servicios. También las estudiantes se han sumado a organizar actos en diversos campus. Muchas han puesto su granito de arena para que podamos realizar esta conferencia. Algunas incluso lo han tenido muy difícil para poder organizarla. A todas ellas, ¡muchas gracias!

La realización simultánea de este acto en cincuenta y tres campus de cuarenta y tres universidades diferentes evidencia nuestra urgencia, como trabajadoras, por romper con el silencio cómplice de nuestras universidades durante seis largos meses de exterminio.

El genocidio al que estamos asistiendo desde el pasado octubre forma parte de un largo proceso de colonialismo de asentamiento. Es decir, la expulsión de la población originaria de Palestina y su sustitución por colonos israelíes, en marcha durante casi ochenta años. El nivel brutal de violencia desplegado por el Estado de Israel obliga a plantearnos cuáles son los objetivos inmediatos y a largo plazo de esta intervención.

La intensidad de la agresión se ha cebado especialmente con la población civil palestina. Pero la violencia se ha dirigido muy particularmente contra instalaciones civiles como hospitales, escuelas y universidades. En esta política de expulsión de la población palestina juega un papel crucial la destrucción de su sistema educativo en general y de la educación superior en particular. Todas y cada una de las universidades de Gaza han sido bombardeadas desde octubre. El objetivo es muy claro: que los palestinos abandonen toda esperanza en el futuro si permanecen en su tierra. Sin embargo, semejante nivel de violencia genocida no sería posible sin el silencio cómplice de tantas instituciones de muchos Estados. Debería, por tanto, alarmarnos que nuestras universidades públicas hayan permanecido calladas durante más de seis meses, presenciando la destrucción de las universidades y el asesinato de nuestros homólogos palestinos.

Es por eso que desde la Red Universitaria por Palestina exigimos a nuestros departamentos y universidades que rompan inmediatamente cualquier relación de colaboración con las universidades israelíes. El Estado de Israel ha puesto toda su tecnología de muerte al servicio de la represión y destrucción del pueblo palestino. Y ha puesto todos sus aparatos ideológicos al servicio de la legitimación del proyecto colonial sionista. El Estado de Israel es hoy un régimen totalitario para la población palestina, en Gaza y en Cisjordania, que ha mutado del apartheid al genocidio.

Las universidades israelíes juegan un rol fundamental en el proyecto de construcción del Estado de Israel y la limpieza étnica palestina. La idea liberal que presenta las universidades como espacios neutros para la producción de conocimiento, destinadas a elevar la vida pública de las sociedades que las albergan es, en general, naíf, pero en el caso israelí es directamente falsa. Las universidades israelíes se han instalado en zonas clave para la sustitución de población palestina, a la cual discriminan sistemáticamente, entrenan a los soldados israelíes, tienen programas adaptados para sus militares, se nutren de los fondos del Ministerio de Defensa, producen tecnologías de control y represión (un caso conocido es el *software* espía

Pegasus). Pero a la vez las universidades israelís destruyen el patri-monio arqueológico palestino para supuestamente probar que allí existió una población anterior que legitimaría el regreso a una tierra imaginaria originaria. Estas mismas universidades israelíes desarro-llan toda una serie de conceptos y categorías legales e ideológicos que permiten deshumanizar a la población indígena como el famoso concepto 'tercera población', término con el cual quieren diluir la nítida separación entre población civil y combatientes, hecho que autoriza el asesinato de la población palestina sin consecuencias le-gales en Israel. Las universidades israelíes son, sin duda, universida-des de asentamiento profundamente implicadas en el avance del proyecto colonial.

Si las universidades de asentamiento israelíes son parte de la van-guardia en la construcción del proyecto hegemónico colonial, esto nos devuelve una pregunta inversa sobre el rol de nuestras universi-dades. Tampoco estas son torres de marfil. Los trabajadores de las universidades públicas, a este lado del Mediterráneo, no podemos seguir cómplicemente calladas ante el actual genocidio. El silencio ante el proyecto imperial expansionista en Oriente Próximo está muy lejos de ser neutral, es dar carta de naturaleza al avance colonial del Estado de Israel. Si queremos caminar hacia la descolonización, de-bemos empezar por dejar de ser su retaguardia colaboracionista y terminar con cualquier relación con esas instituciones de asenta-miento. Por todo ello, como trabajadoras de las universidades públi-cas de todo el Estado, nos hemos de organizar para romper el cerco militar e ideológico contra Gaza.

Nuestra tarea hoy es detener esta masacre en curso por todos los medios necesarios. Hemos de utilizar nuestras herramientas como trabajadoras de la universidad. Sin duda, la huelga puede ser una de ellas, si somos capaces de organizarla colectivamente. Una huelga convocada por todos los sectores de la universidad: desde el personal administrativo al académico, junto con los y las estudiantes. A pesar de todas nuestras diferencias de salario y de estatus —unas somos más precarias, otras lo son menos—, por una vez hemos de salir a las calles unidas para paralizar ciudades, para exigir a nuestras universidades un cambio de posicionamiento. Y, también, para presionar al Gobierno del Estado y que se sume ya a la demanda sudafricana en la Corte Internacional de Justicia, tal y como ha hecho Irlanda.

El fin del genocidio y la liberación de Palestina requerirán de una solidaridad internacional tenaz y persistente. El internacionalismo de los trabajadores es, sin duda, el mejor modo de forzar cambios ante un régimen totalitario. Como hicieron los trabajadores escoceses que se negaron a reparar los motores Rolls-Royce de los aviones del ejército de Pinochet en 1974, como hicieron las trabajadoras irlandesas de la cadena de tiendas Dunnes, en 1984, que durante nueve meses se opusieron a vender ningún producto procedente de Sudáfrica, como hicieron en noviembre pasado los estibadores del puerto de Barcelona, que rechazaron cargar material bélico con destino a Israel. O como hicieron los estudiantes y trabajadores de las universidades italianas, que fueron a la huelga pidiendo también el fin de la colaboración con las universidades de Israel. Como hicieron en 1968 las estudiantes de la Universidad de Columbia en una fase anterior de este largo genocidio y como hacen ahora mismo las estudiantes de Columbia, que están ocupando el campus en contra de la complicidad de la universidad con este nueva fase del genocido palestino.

Por eso, desde la Red Universitaria por Palestina enviamos cinco demandas a la Conferencia de Rectores y Rectoras de las Universidades Españolas:

1. Condena clara y explícita de la destrucción de las universidades palestinas.
2. Exigencia de un alto el fuego inmediato y permanente.

3. Dotación, por parte del Ministerio de Ciencia, Innovación y Universidades, de recursos económicos para la recepción y protección de estudiantes y personal académico procedentes de Palestina; así como para la reconstrucción de las universidades palestinas.

4. Suspensión, con efecto inmediato, de toda cooperación con instituciones académicas israelíes, empresas y centros asociados.

5. Ruptura de relaciones diplomáticas con Israel por parte del Gobierno de España.

Palestina debe ser hoy nuestra prioridad. Y quien mejor ha documentado la gravedad del genocidio en curso y ha instado a los Estados a dar una respuesta inmediata es nuestra invitada de hoy, a quien procedo a presentar:

Francesca Albanese es la Relatora Especial sobre la situación de los derechos humanos en los territorios palestinos ocupados. La señora Albanese es investigadora asociada del Instituto para el Estudio de las Migraciones Internacionales de la Universidad de Georgetown y ha sido profesora invitada en numerosas universidades, donde ha impartido clases sobre derecho internacional y desplazamientos forzados de población. En 2020 publicó su último libro: *Palestinian Refugees in International Law* (Oxford University Press, 2020).

El pasado 26 de marzo la Relatora Especial presentó su informe, *Anatomía de un genocidio*, ante el Consejo de Derechos Humanos de Naciones Unidas. En este informe la Relatora Especial sitúa el actual conflicto dentro de un largo proceso que dura ya más de setenta y cinco años. En él, demuestra minuciosamente cómo la situación actual en Gaza debe ser descrita como un genocidio. Así será reflejado en los libros de historia y así deberá proceder el derecho internacional. Este informe muestra cómo podría no haberse llegado a este punto sin la deshumanización deliberada de la población palestina. Al mismo tiempo, exige a los distintos Estados que se adhieran al derecho internacional, que dejen de colaborar con el Estado de Israel y que reaccionen ante esta situación inmediatamente.

Antes de darle la palabra a la señora Albanese, desde la Red queremos agradecerle su labor, en la cual ha tenido que soportar numerosas presiones; queremos también agradecerle su disponibilidad para participar en esta conferencia.

Francesca Albanese, cuando quiera, la palabra es suya.

Anatomía de un genocidio: el rol de la universidad

Francesca Albanese

Relatora Especial sobre la situación
de los derechos humanos en los territorios palestinos
ocupados desde 1967 (Naciones Unidas)

Francesca Albanese: Es un honor y un placer estar con vosotros.

Siento no haber podido asistir presencialmente a este acto, pero es una satisfacción ver a tanta gente —académicos, estudiantes, trabajadores de las universidades— unida. Me emociona mucho. Estoy profundamente agradecida de estar hoy con vosotros.

Antes de empezar, me gustaría enviar un agradecimiento especial a Dorothy Estrada-Tanck, del grupo de trabajo de las Naciones Unidas sobre la discriminación contra mujeres y niñas. Ella ha sido un apoyo fundamental en este horrible periodo que vivimos y que empezó hace ya seis meses.

Estoy muy contenta de haber aceptado la invitación para presentar mi cuarto informe como Relatora Especial sobre la situación de los derechos humanos en los territorios palestinos ocupados desde 1967, que he titulado *Anatomía de un genocidio*. Comparecí con el corazón en un puño para presentar este informe en la 55.ª sesión del Consejo de Derechos Humanos de las Naciones Unidas, celebrada entre el 26 de febrero y el 5 de abril, porque, después de casi seis meses de implacable ataque israelí contra la Gaza ocupada, sentía que mi deber esencial era informar a los Estados miembros sobre lo peor que la humanidad es capaz de hacer y presentar mis conclusiones, lo que he llamado *Anatomía de un genocidio*.

La historia nos enseña que el genocidio nunca es un acto, sino un proceso. Comienza con la deshumanización de un grupo, es decir, con la negación de la humanidad de este grupo, y termina con su destrucción parcial o total. La deshumanización de los palestinos como grupo es el sello distintivo de su historia de limpieza étnica, desposesión y *apartheid*. En palabras de un gran estudioso palestino, Edward Said, «los palestinos quedaron huérfanos de patria por la creación del Estado de Israel y sus continuas políticas destinadas a borrar su presencia en su tierra».

El genocidio se define en el derecho internacional como un conjunto específico de actos cometidos con la intención de destruir total o parcialmente a un grupo nacional, étnico, racial o religioso como tal. A menudo se lo denomina *delito de delitos*, debido a su complejidad y a las dificultades para demostrar la intencionalidad específica de perpetrarlo, como exige la Convención para la Prevención y la Sanción del Delito de Genocidio.[1]

Sin embargo, su complejidad no tiene que ver con la creación de una jerarquía entre crímenes atroces, como los crímenes de guerra y los crímenes contra la humanidad, sino más bien con el reflejo de una naturaleza y una escala diferentes. Según el artículo II de la Convención para la Prevención y la Sanción del Delito de Genocidio, el umbral elevado de intencionalidad, es decir, la intención de destruir a un grupo proscrito, debe ser probado directamente o inferido de hechos que no admitan ninguna otra inferencia razonable. Pero, cuando la intención genocida es tan conspicua como en este caso, tan ostentosa como lo es en Gaza, no podemos apartar la mirada: debemos enfrentar el genocidio, prevenirlo y castigarlo.

---

1 Dicha Convención es un instrumento universal de derechos humanos aprobado por las Naciones Unidas el 9 de diciembre de 1948: www.ohchr.org/es/instru ments-mechanisms/instruments/convention-prevention-and-punishment-crime-genocide.

La situación catastrófica que investigué en los pasados seis meses es conocida, ya que ha sido transmitida al mundo en tiempo real por sus propias víctimas. Sorprendentemente, en lugar de detener su impulso, una minoría de poderosos Estados miembros de las Naciones Unidas han proporcionado apoyo militar, económico y político a Israel mientras cometía atrocidades, lo que ha agravado la devastación causada.

En este ataque, el sexto y más atroz en trece años, Israel ha matado a más de treinta y tres mil personas, treinta y tres mil palestinos, incluidos casi catorce mil niños, más que los niños asesinados en todos los conflictos del mundo durante los cuatro años anteriores. Periodistas, médicos, científicos, artistas, enfermeras, académicos, ingenieros, y sus familiares, han sido blanco de ataques. Toda una sociedad ha sido blanco de ataques. Otros dos mil palestinos están desaparecidos, la mayoría presuntamente muertos. Unas setenta y una mil personas están heridas, muchas de ellas con heridas que les han cambiado la vida, y con unas posibilidades de recuperación que se reducen por la destrucción del sistema de salud y las condiciones de vida insalubres generadas en Gaza.

Además, Israel impidió entrar en Gaza cualquier ayuda humanitaria durante las dos primeras semanas. En los meses siguientes ha impuesto restricciones extremas de agua, alimentos, electricidad y combustible. Israel ha bloqueado la entrada de suministros médicos como anestésicos, incubadoras e incluso leche de fórmula para bebés. Los convoyes apenas han llegado al norte de Gaza.

Esta política deliberada ha provocado una inseguridad alimentaria gravísima, rápida y sostenida en toda la población y, en el norte, las personas atrapadas se han visto obligadas a comer piensos y pastos. Es decir, la potencia ocupante, Israel, también ha minado las principales formas de sustento de Gaza. Como consecuencia, un número cada vez mayor de palestinos se está muriendo de hambre ahora mismo, mientras hablamos. En efecto, los rehenes y sus familias no han escapado a estas circunstancias devastadoras. Las cicatrices colectivas de los supervivientes seguramente durarán generaciones.

Solo en las primeras semanas de asalto las fuerzas israelíes mataron a unos doscientos cincuenta palestinos cada día, por medio de un arsenal apocalíptico de armamento en uno de los lugares más densamente poblados de la tierra. Utilizaron veinticinco mil toneladas de explosivos, equivalentes a dos bombas nucleares, solo en las primeras semanas del ataque. Bombas no guiadas de 2.000 libras para destruir búnkeres al tiempo que arrasan barrios enteros.

Por su intensidad, podemos afirmar que cambió el patrón de agresión, pero no la escalada de la destrucción. En menos de seis meses Israel ha destruido Gaza, borrando o dañando gravemente casi todas las infraestructuras civiles y los cultivos, la mayoría de las viviendas, las instalaciones sanitarias, las infraestructuras de telecomunicaciones, todas las universidades, la mayor parte de los centros educativos, los servicios municipales, las mezquitas e iglesias, y los innumerables sitios de patrimonio cultural de Gaza, que son parte integral del tejido social de Palestina.

Los soldados israelíes han publicado imágenes en las que se jactan de haber matado a familias —madres, niños— en el bombardeo de casas, mezquitas y escuelas. Los vídeos autoincriminatorios los muestran burlándose de sus víctimas palestinas y humillándolas sádicamente. Violando no solo su integridad física, su derecho a la vida, sino también su dignidad, sus posesiones más íntimas, la *lingerie*,[2] sin olvidar los espacios que las fuerzas israelíes han invadido y saqueado, incluida la profanación de cementerios y lugares de culto.

El número de bajas diarias pareció reducirse al comenzar la ofensiva terrestre, pero, de hecho, el nivel de las atrocidades aumentó. Las desapariciones masivas, las detenciones arbitrarias, la tortura

---

2 La relatora hace referencia a vídeos de soldados israelíes haciendo mofa de la ropa interior de mujeres en cuyas casas han entrado tras los ataques.

generalizada y sistemática y los tratos inhumanos se suman a la experiencia de muertes y pérdidas interminables. La gente, desesperada, tuvo que buscar a las personas sepultadas, heridas o fallecidas entre los escombros con sus propias manos. Muchos no han podido enterrar y llorar a sus seres queridos.

Estos actos de genocidio han sido motivados por un vehemente discurso antipalestino que caracteriza a todo el pueblo de Gaza como enemigos que deben ser atacados o expulsados por la fuerza. Esta retórica ha sido generalizada en todos los segmentos de la sociedad israelí. El hecho de que funcionarios israelíes de alto rango, con autoridad de mando, pidieran sistemáticamente a los soldados que aniquilaran al pueblo de Gaza es una prueba convincente de la incitación explícita y pública al genocidio. Las pruebas indican además que esta incitación genocida ha sido internalizada y llevada a cabo por los soldados sobre el terreno.

Una de mis principales y más importantes conclusiones es que los dirigentes ejecutivos y militares y los soldados de Israel han distorsionado intencionadamente las normas fundamentales del derecho internacional humanitario.[3] Lo han hecho, por ejemplo, con el principio de distinción y el de proporcionalidad y precaución, en un intento de legitimar la violencia genocida contra el pueblo palestino, al modificar deliberadamente las definiciones de *escudos humanos, órdenes de evacuación, zonas seguras, daños colaterales y protección médica.*

---

3 El derecho internacional humanitario es un conjunto de normas que, por razones humanitarias, trata de limitar los efectos de los conflictos armados. Suele llamarse también «derecho de la guerra» y «derecho de los conflictos armados» y es parte del derecho internacional, que regula las relaciones entre los Estados. Cubre dos ámbitos: 1) La protección de las personas que no participan o que ya no participan en las hostilidades. 2) Una serie de restricciones de los medios de guerra, especialmente las armas, y de los métodos de guerra, como son ciertas tácticas militares. Véase www.icrc.org/sites/default/files/external/doc/es/assets/files /other/ dih.es.pdf.

Israel ha distorsionado la terminología definida por el derecho internacional humanitario con la intención de ocultar sus acciones y agresiones al pueblo palestino, por lo que solo puede deducirse que, detrás de esta tergiversación terminológica —donde dichos conceptos se usan de una forma tan laxa que los despoja de su contenido normativo y los convierte en un simple «camuflaje humanitario»—, hay una intención de ocultar una política estatal de violencia genocida contra los palestinos.

Por ejemplo, al difuminar la distinción entre *civiles protegidos, infraestructura civil* y *combatientes* como objetivos militares legítimos, Israel ha caracterizado efectivamente a toda la población civil de Gaza como «escudos humanos» o «cómplices terroristas». Aquellas personas que lograron desplazarse hacia lo que Israel definió como «zonas humanitarias seguras» han sido objeto de nuevos ataques, y sus muertos y heridos han sido justificados por Israel como «daños colaterales». Si tomamos en consideración la afirmación, repetida de manera sistemática, de que Hamás ha utilizado los hospitales como «centros de operaciones», podemos deducir que Israel parece estar operando bajo la premisa de que, si una mentira se repite el tiempo suficiente, la gente la creerá.

En definitiva, Israel ha utilizado este camuflaje del derecho internacional humanitario para tratar de caracterizar a toda la población palestina y la infraestructura de Gaza que sustenta y salva vidas como un objetivo militar, un lugar que puede ser atacado y destruido. De este modo, Israel ha intentado legitimar, por ejemplo, la devastación de la infraestructura médica de Gaza, causando miles de muertos adicionales, lesiones y traumas que han cambiado la vida de todos sus habitantes. Así, se ha distorsionado el derecho internacional humanitario para justificar una guerra de aniquilación.[4]

4 En su informe, Albanese lo explica de la siguiente forma: una característica fundamental de la conducta de Israel desde el 7 de octubre ha sido la intensificación

A la luz de lo expuesto, considero que hay motivos razonables para creer que se ha alcanzado el umbral marcado por el artículo II de la Convención para la Prevención y la Sanción del Delito de Genocidio en lo que respecta a los palestinos como grupo humano en Gaza. Dicho artículo especifica con claridad que se entiende por genocidio una serie de actos perpetrados con la intención de destruir, de forma total o parcial, a un grupo nacional, étnico, racial o religioso como tal. Y en el caso de Israel se deduce que ha habido una intencionalidad de cometer, al menos, tres de las acciones recogidas en la Convención: matar a miembros del grupo, causarles graves daños físicos y mentales e imponer deliberadamente al grupo condiciones de vida que conduzcan a su destrucción física total o parcial.

El genocidio en Gaza constituye la etapa más extrema de un largo proceso colonial de eliminación de los palestinos nativos de su tierra. Durante más de setenta y seis años, este proceso ha oprimido a los palestinos como pueblo de todas las formas imaginables, aplastando su derecho inalienable a la autodeterminación demográfica, territorial, cultural, económica y política. Israel ha intentado desplazarlos, expropiar su tierra y otros recursos y, en última instancia, reemplazarlos. Nuestra amnesia colonial, la de los occidentales, ha perdonado este proyecto colonial de Israel, desde la violenta historia

---

de la deshumanización de los palestinos, un grupo protegido por la Convención para la Prevención y la Sanción del Delito de Genocidio. Israel ha utilizado la terminología del derecho internacional humanitario para justificar el uso sistemático de la violencia letal contra los civiles palestinos y la destrucción generalizada de infraestructuras vitales. Lo ha hecho desplegando conceptos del derecho internacional humanitario como *escudos humanos*, *daños colaterales*, *zonas seguras*, *órdenes de evacuación* y *protección médica* de forma tan permisiva que los ha despojado de su contenido normativo, subvirtiendo su finalidad protectora y, en última instancia, erosionando la distinción entre civiles y combatientes en las acciones israelíes en Gaza. El informe puede consultarse en https://www.clacso.org/wp-content/uploads/2024/04/Anatomia-de-un-Genocidio.pdf.

del nacimiento mismo del Estado de Israel hasta su ocupación efectiva antes de 1967, el asedio, el cerco y el *apartheid* paralizante desde 1993[5] y las operaciones militares contra Gaza desde 2007.

El mundo constata ahora el amargo fruto de dejar actuar a Israel con esta impunidad. Esta es una tragedia anunciada. Y, mientras la Corte Internacional de Justicia tenga que deliberar y la Corte Penal Internacional tenga que investigar, es mi responsabilidad recordarle a todo el mundo, en especial a los Estados, que la Convención para la Prevención y la Sanción del Delito de Genocidio incluye una norma de *ius cogens* y una obligación *ergo omnes* —lo que significa que es de obligado cumplimiento y con alcance a todos los Estados, hayan o no firmado la Convención— de prevenir los actos de genocidio, una realidad que la Corte Internacional de Justicia reconoció como plausible hace tres meses.

Ahora es el momento de reaccionar. La comunidad internacional no puede seguir ignorando el proyecto de Israel de librar a Palestina de los palestinos desafiando el derecho internacional y el fracaso del mundo a la hora de pedir cuentas a Israel. La negación de la realidad y la continuación de la impunidad y el excepcionalismo de Israel ya no son viables, especialmente a la luz de las recientes resoluciones, la primera del Consejo de Seguridad, que exige un alto al fuego[6] y que es vinculante, y la segunda del Consejo de Derechos Humanos de hace unos días sobre un embargo de armas a Israel.[7] Pido a to-

---

5 Momento de la firma de los Acuerdos de Oslo.

6 Resolución 2728 del Consejo de Seguridad de las Naciones Unidas, de 25 de marzo de 2024, que exige un alto al fuego inmediato durante el mes sagrado del ramadán que conduzca a un alto al fuego sostenible y duradero.

7 El 5 de abril de 2024, el Consejo de Derechos Humanos de la ONU aprobaba una resolución para «cesar la venta, transferencia y desvío de armas, municiones y otros equipos militares a Israel, la Potencia ocupante [...] para evitar nuevas violaciones del derecho internacional humanitario y violaciones y abusos de derechos humanos».

dos los Estados que cumplan con sus obligaciones, que comienzan con la imposición de un embargo de armas y sanciones a Israel con la finalidad de garantizar que esta situación no vuelva a repetirse.

Muchas gracias.

Ignasi Bernat: Muchísimas gracias, relatora. Estoy seguro de que, en todas las salas, en todas las universidades que participan en este acto —lo puedo ver en algunos vídeos—, la gente está aplaudiendo. Muchísimas gracias, de verdad, por haber encontrado tiempo para estar hoy con nosotras y también por la labor que estás haciendo.

Sé que tienes poco tiempo, pero a nosotros, trabajadores y estudiantes de las distintas universidades, nos gustaría hacerte un par de preguntas, si puede ser, en relación con lo que comentaba: el momento es ahora, no podemos seguir esperando, y sabemos que la historia hará su trabajo y el derecho internacional debería hacerlo. Pero, como trabajadores de instituciones públicas, y como parte de la sociedad civil, nos gustaría preguntarte: si el genocidio es una grave violación de las normas imperativas del derecho internacional —crimen de crímenes, has dicho—, si ese mismo derecho obliga a los Estados a cooperar para poner fin a ese crimen por medios lícitos y, si por esos Estados hay que entender todas las instituciones de esos Estados, ¿qué podemos hacer desde las universidades, qué deberíamos hacer desde las universidades?

Antes he leído algunas de las demandas que hemos planteado a la Conferencia de Rectores de las Universidades Españolas (CRUE). ¿Qué más crees que deberíamos añadir a nuestras reivindicaciones?

Es decir, por un lado: ¿qué hacer desde las universidades? Y por el otro: ¿cómo crees que podemos, desde las universidades —y quizás deberíamos extenderlo a la sociedad civil—, mejorar nuestras reivindicaciones?

FRANCESCA ALBANESE: Muchas gracias. Intentaré estar con vosotros todo el tiempo que pueda.

Yo creo que es importante recordar que la finalidad principal de la universidad no es examinar y conceder títulos a los estudiantes. La universidad es un lugar de formación excelsa, intelectual, donde se fomenta la capacidad crítica, pero también debe formar a los ciudadanos y las ciudadanas en responsabilidades cívicas, no importa la disciplina de que se trate.

Hay un sentido de la responsabilidad que debería ser transversal a todas las disciplinas, las ingenierías, las ciencias jurídicas, la medicina, en todo lo que hacemos, y lo que está pasando en Gaza nos insta a reaccionar como pensadores, como profesores, como estudiantes, como trabajadores. Es una cuestión de humanidad.

Hace mucho tiempo que en las universidades —lo sé, no es un problema en España, porque la he visitado y sé que además tenéis una sociedad civil organizada— hay una conciencia política muy fuerte de conexión con la problemática de Palestina, pero es importante elevar esta conciencia y transformarla en acción porque hay otros sitios, otras universidades, sobre todo en el mundo occidental, donde se prohíbe a la gente hablar de Palestina. Es esencial, en primer lugar, crear una red para proteger a las universidades como espacio de cultura y de formación de conciencia cívica. En segundo lugar, acabo de visitar Galway, una universidad con la que trabajo mucho, y he visto que están impulsando una iniciativa para declarar la Universidad de Galway *apartheid free*, esto es, zona libre de *apartheid*, lo que me parece una idea fenomenal porque, por ejemplo, al principio de mi intervención he nombrado a Dorothy, mi colega del grupo de trabajo sobre la discriminación contra mujeres y niñas, y ella ha hecho un trabajo colosal para utilizar el concepto de *apartheid* en el caso de Afganistán. Todavía hay muchas sociedades que viven bajo un sistema de *apartheid* y ahora entendemos el caso de Palestina. Sudáfrica dio al mundo la palabra *apartheid*, que describe un sistema donde una parte de la población ejerce una dominación sobre otro grupo de población —la Convención sobre el crimen de *apartheid* dice «racial», pero puede ser cualquier otro tipo de dominación, no únicamente la racial— con el fin de someterla, violando sus derechos fundamentales.

Así pues, esta iniciativa de declarar a las universidades *apartheid free* —con todas las universidades que tenéis ahora en España—, de constituir una red española de universidades *apartheid free*, tiene una significación simbólica, pero también tiene unas implicaciones prácticas concretas, por ejemplo, suspender todas las relaciones, cualquier cooperación entre las universidades y las empresas e instituciones que tengan relación con asuntos militares y armamentísticos de Israel. También hay ahora la necesidad de revisar —una cosa que siempre me ha dado miedo, pero que ahora es preciso considerar— lo que propone el movimiento de boicot, desinversión y sanciones (BDS): un boicot de las instituciones académicas. Yo siempre he tenido dudas sobre ejercer este tipo de acciones en la academia, pero ahora, frente al genocidio, ver a universidades israelíes que no se posicionan en contra y al mismo tiempo atacan a los profesores que intentan protestar en solidaridad con las víctimas, no solo palestinas, no es tolerable. Por tanto, creo que es el momento de que esta red también se plantee emprender acciones en este sentido. Así las universidades pueden convertirse en una voz que influya sobre la política de su Gobierno, del Gobierno español, que no es mala —yo siempre lo digo: España, como Irlanda, es uno de los pocos países de Europa que pueden hacer cosas—. Con esta sociedad civil, con estos académicos, con estos estudiantes, estáis listos para ir mucho más adelante.

Ignasi Bernat: Muchísimas gracias por la respuesta. Yo creo que acabas de sugerir un buen cambio de nombre para nuestra red y creo que seguramente lo debatiremos en nuestra próxima reunión.

Para poner un poco en contexto, y porque quizás hoy haya más gente escuchándonos que en otras ocasiones, es importante explicar que esta red surgió precisamente de los trabajadores porque las direcciones de los departamentos y muchos rectorados hicieron todo lo posible para que no se pudiesen oír las voces críticas y disidentes dentro de la universidad con lo que está sucediendo hoy en Palestina.

Es evidente que esto no está pasando solo en el conjunto del Estado español. Hemos visto estos días que Nancy Fraser, una persona de gran talla intelectual, ha sido cancelada en una universidad alemana precisamente por defender los derechos del pueblo palestino y yo creo que, sin duda, las universidades —como tú bien decías— tienen un rol fundamental en la percepción pública de lo que deberíamos hacer.

Te agradecemos mucho tu presencia hoy aquí. Creo que tú lo has dicho muy claro: es el momento de actuar. Nosotros, como universidades, tenemos el deber de actuar inmediatamente, al menos como trabajadores, y debemos exigir también, claro, que el Gobierno de España se sume a esta demanda ante la Corte Internacional, como ha hecho ya Irlanda, para apoyar la causa planteada por Sudáfrica. Creo que estas son nuestras tareas.

De nuevo, quiero darte la palabra por si quieres añadir algo más, antes de que la pase de nuevo a los distintos campus de tantas universidades que, como has visto, han hecho un esfuerzo muy importante para que se pudiese seguir este evento desde tantos lugares.

De nuevo, la palabra es tuya, Francesca.

FRANCESCA ALBANESE: No, no, gracias. Yo prefiero dar la palabra a otros. Disculpa, ¿qué va a suceder ahora?, ¿qué viene a continuación?

IGNASI BERNAT: Como participan tantos centros y tantos campus, lo que hemos hecho es organizar eventos en cada lugar, donde después de tu intervención se seguirá el acto *off line*, o sea, presencialmente, con profesores, alumnos, académicos, invitados, periodistas, para poder debatir cómo debe proceder la red en un futuro inmediato.

Francesca Albanese: Entiendo. Entonces yo no soy la estrella del día, hay muchos otros.

Ignasi Bernat: Tú eres la estrella, no lo dudes, Francesca.

Francesca Albanese: No, no, no. De verdad, tengo que volver a España porque allá me siento en casa, más que en Italia ahora. Así que, por favor, continuad, porque, como digo siempre —voy a ver si me sale en español—, ahora es el momento de renunciar, todos, a una parte del confort que tenemos, para que otro pueblo no tenga que renunciar a todo.

Y, con esto, os agradezco muchísimo la invitación para participar en este acto. Nos vemos pronto.

Ignasi Bernat: Francesca, te esperamos en todos los campus del Estado español. Sabes que, en todos, cuando vengas, hay una casa para ti, de modo que esperamos tenerte también presencialmente. Y, de nuevo, mucho ánimo con el trabajo que estás haciendo. Conocemos las constantes presiones que sufres y por eso te animamos a continuar. Muchísimas gracias.

SEGUNDA PARTE

Vivir en Gaza bajo las bombas y el final del ramadán

MAJD SALEM
JOSÉ DOMÍNGUEZ
MARGARITA I. ASENSIO PASTOR
Universidad de Almería

Tras la intervención de Francesca Albanese el día 10 de abril de 2024, el nodo UAL (Universidad de Almería) de la RUxP, coordinado por Margarita I. Asensio Pastor, celebró un acto en el que intervinieron un estudiante Erasmus de máster de origen gazatí, Majd Salem, y un miembro de BDS Almería. El acto fue auspiciado por el Vicerrectorado de Comunicación y Cultura de la UAL.

Majd Salem dio una charla en la que describió cómo viven los niños de Gaza una fecha tan señalada como es el primer día festivo que marca el final del mes de ramadán, el Aíd al Fitr, que coincidía con el encuentro de la RUxP. La intervención de Majd Salem fue en árabe con la interpretación al castellano de Antonio Martínez Castro. A continuación, la reproducimos completa, junto con la traducción al castellano también de A. Martínez Castro:

أطفال غزة في العيد

اليوم يأتي العيد

وحرب الابادة مستمرة على الشعب الفلسطيني

العيد مناسبة دينية تتلو شهر رمضان المبارك حيث يصوم المسلمون لمدة 30 يوما متواصلة

تأتي ثلاث أيام العيد ليزور الأقارب بعضهم البعض ويهنئون بعضهم باكتمال شهر رمضان وصيامه على خير

ويتبادلون التهاني والحلويات بينهم

في تعبير عن الفرح والسعادة والامتنان

ويلبس الأطفال الملابس الجديدة

وينامون بجانبها أحيانا بانتظار قدوم هذا اليوم حيث ينالون مبلغ من المال من ابائهم وامهاتهم واعمامهم يدعى العيدية

ويذهبون لأماكن التنزه والالعاب والمنتزهات

والبسمة تغمرهم يتنقلون من لعبة الى اخرى

ويتبادلون الحلوى بينهم

اليوم الأطفال في غزة مع استمرار حرب الابادة للشهر السابع

لا ينامون بجانب ملابسهم الجديدة فرحين ينتظرون العيد

بل ملابسهم التي يرتدونها لم يقوموا بتغيرها منذ عدة أشهر

بعد ان قصف منزلهم

ينامون ليلة العيد يبكون على أصدقائهم الذين فقدوهم والذين قتلتهم حرب الابادة

حيث بلغ عدد ارواحهم اكثر من 13 الف طفل

تتواصل حرب الابادة على غزة منذ سبعة اشهر حيث لم يفرح اهل غزة

لا برأس العام ولا بشهر رمضان المبارك

حيث قاموا بصيامه وأفطروا على علف الحيوانات أو طعام المساعدات الذي يتم عبر الانزال الجوي

وكان يسقط في البحر او فوق رؤس الناس وهم بانتظار هبوطه

او كانت تستهدفهم دولة الاحتلال بينما ينتظرون المساعدات فتصبح لقمتهم مغمسة بالدم

40

هذه الأجواء في غزة بعد مرور اكثر من 170 يوم من حرب الابادة المستمرة

حيث بلغ عدد الضحايا اكثر من ثلاثون الف ضحية معظمهم من النساء والاطفال

الالاف ما زالو تحت الأنقاض وأهل غزة ما زالو محاصرين

مقطوعه عنهم المياة والكهرباء، مقطوعة عنهم الامال والأحلام

لكنهم صابرين وصامدين على أرضهم

يحاولون عمل حلوى العيد حتى وهم بخيامهم وبأقل الامكانيات

يحاولون خلق أجواء العيد وصنع الأمل من رحم المعاناة

رغم جميع معوقات وتضييقات الاحتلال التي تفرض عليهم

وأنا انقل لكم نص كتبه أحد ابناء غزة المحاصرين في الشمال الذي يعاني المجاعة

كواحد من أهل عزة، في هذا اليوم الفضيل من رمضان والحرب يشهد الله اني مسامح ومحب لكل عربي ومسلم، واشهد امام الله انهم لم يروني الا كل خير ، الواحد فيهم يقطع نفسه حتى يساعدنا، واني رأيت منهم من الحرص والاهتمام ما يجعلني أشفق عليهم، أنتم أهل لكل خير وفضل وكرم، بارك الله لنا فيكم، وجمعنا بكم الله بعد الحرب في خير عافية، كل عام وانتم بخير

أبناء غزة متمسكين بالأمل ويكنون لكم ولكل متضامن كل المحبة ويعرفون بانكم أملهم ويقدرون مساعدتكم لهم ودعواتكم لهم وتضامنكم معهم

وأنا كابن غزة أنقل سلامهم وأنقل لكم معاناتهم

أنتم أملهم وأنتم الذين تشعرون بمعاناتهم

وهم يعرفون بان الظلم لا يدون وقريبا سينعمون بالحرية

وسيعاد بناء غزة وسيزال عنها الركام وتبنى الاحلام

وأولهم بناء دولتنا الفلسطينية الديمقراطية المستقلة وعاصمتها القدس الشريف

التي سينعم فيها كل طوائف الشعب الفلسطيني بالحرية والمساواة

شكرا لكم على تضامنكم ومشاعركم الصادقة ونحن نقدر مجهوداتكم التي تدعم وقف الحرب وانهاء الاحتلال

Los niños de Gaza en el Aíd

Hoy es el primer día del Aíd mientras se perpetra un genocidio contra el pueblo palestino en Gaza. El Aíd es la celebración religiosa que dura tres días y que sigue al ayuno del mes de ramadán. Durante estos días los musulmanes visitan a sus parientes, se felicitan e intercambian dulces para expresar su alegría, felicidad y agradecimiento por haber concluido felizmente el sagrado mes de ramadán. Los niños visten ropa nueva. Suelen dormir al lado de las prendas por estrenar en espera de que llegue el día en el que recibirán dinero de sus padres y tíos para luego ir a pasear y jugar a lugares de esparcimiento. Una sonrisa los acompaña mientras comen dulces y van de una atracción a otra.

Pero hoy los niños de Gaza, debido a una guerra de exterminio que ya dura siete meses, no duermen alegres junto a su ropa nueva en espera del Aíd, sino que la ropa que llevan es la que tienen puesta desde hace meses porque sus hogares han sido bombardeados. Durante la noche lloran por los amigos que han perdido y cuya cifra supera los trece mil niños. Durante estos siete meses continuados de genocidio nadie en Gaza se alegra con el año nuevo ni con el sagrado mes de ramadán. Han roto el ayuno con piensos para animales o con los alimentos arrojados al mar desde aviones mientras los soldados israelíes los acechaban, por lo que muchas veces el bocado que llevarse a la boca estaba empapado en sangre.

Este es el ambiente en Gaza después de más de ciento setenta días de genocidio continuo con más de treinta mil víctimas, en su mayoría mujeres y niños, con miles de cadáveres entre los escombros y con los habitantes de Gaza en estado de sitio sin acceso a agua ni electricidad, privados de esperanza y de sueños. Aun así, se mantienen firmes en su tierra y elaboran los dulces del Aíd en tiendas de campaña con lo que tienen. Intentan crear un ambiente de celebración y esperanza en medio del sufrimiento y el ahogo que les impone la ocupación.

Os traslado un texto escrito por alguien hambriento y sitiado en el norte de la Franja: «Como gazatí, en este día bendito del mes de ramadán y de guerra, Dios es testigo de que les tengo afecto y compasión a todos los árabes y musulmanes y declaro ante Dios que lo único que quieren es mi bien, hasta el punto de que uno de ellos ha estado a punto de cortarse un pedazo de su propia carne para ayudarnos. La solidaridad y el cuidado que veo en la gente me despierta compasión por ellos. Gracias, sois gente noble y de bien, y espero veros después de la guerra. Feliz Aíd».[1]

Los habitantes de Gaza se aferran a la esperanza y os dispensan toda su gratitud y cariño, pues saben que sois un sólido apoyo y que podéis ayudarlos con vuestra solidaridad. Como vecino de Gaza os traslado sus saludos y su sufrimiento. En vosotros que sentís su dolor tienen puesta su esperanza porque saben que la injusticia no durará y que pronto disfrutarán de libertad. Reconstruirán sus casas, retirarán los escombros y edificarán sus sueños: el primero de ellos, la creación de un Estado palestino democrático e independiente con la capital en Jerusalén, donde todos los palestinos puedan vivir iguales y libres.

Muchas gracias por vuestra solidaridad y nobles sentimientos. Apreciamos vuestro esfuerzo para que acabe la guerra y la ocupación conozca su fin.

José Domínguez fue el encargado de cerrar el acto en nombre de BDS Almería y de explicar el propósito de la campaña de boicot, desinversión y sanciones contra Israel (BDS), que tiene casi veinte años de vida y que no se detendrá «hasta que no termine la ocupación y el *apartheid* y sea efectivo el derecho al retorno de las personas refugiadas palestinas». Destacó la importancia del boicot como una acción global de gran repercusión y eficacia para combatir el colonialismo israelí y, en particular, insistió en el boicot a las empresas que colaboran con la ocupación y el *apartheid* israelí y enumeró algunos de los éxitos conseguidos contra marcas que financian la ocupación centrándose en el caso español.

1 Arabismo que se corresponde con Felices Fiestas.

Aprovechando el espacio en el que se desarrolló el acto, el portavoz de BDS Almería y la coordinadora del nodo pidieron a los diferentes sectores de la UAL que se movilicen para denunciar el genocidio en curso en Gaza con acciones concretas como el boicot académico y romper toda relación institucional de las universidades españolas con las israelíes —incluidos los convenios bilaterales y los intercambios académicos—, ya que todas ellas no solo no han denunciado las agresiones del ejército israelí, sino que, además, colaboran activamente en la investigación militar. Por último, el acto se cerró con preguntas del público y con el firme compromiso de convertir la UAL en un espacio libre de *apartheid* israelí.

Palestina, el proyecto colonial israelí y la imposibilidad de neutralidad académica

ALEJANDRO FORERO-CUÉLLAR
Universitat de Barcelona

En el nodo de la Universitat de Barcelona, la mesa redonda que siguió a la charla de la relatora Albanese tuvo lugar en la sala Jane Addams de la Facultad de Geografía e Historia y estuvo organizada, principalmente, por el Grup de Recerca sobre Exclusió i Control Socials (GRECS), adscrito al Departamento de Antropología, el Observatori del Sistema Penal i els Drets Humans (OSPDH), de la Facultad de Derecho, Copolis, adscrito al Departamento de Sociología, y la plataforma sindical Transformem UB. En la mesa participaron el profesor Manuel Delgado (Facultad de Geografía e Historia), la profesora Roser Rodríguez (Facultad de Geografía e Historia), la profesora Marta Venceslao (Facultad de Educación) y el profesor David Bondia (Facultad de Derecho).

En primer lugar, tomó la palabra Marta Venceslao quien, en calidad de anfitriona como miembro del GRECS, agradeció la presencia de los asistentes, entre ellos el decano de la facultad, y de todas aquellas personas que habían hecho posible el acto. Cuando hace apenas tres meses comenzaron los preparativos, explicó Venceslao, no esperaban una asistencia y una repercusión de semejante envergadura. Al inicio, eran solo tres universidades las que conformaban la Red Universitaria por Palestina (RUxP). Hoy, son más de cuarenta y cinco las que la conforman y celebran este acto en cincuenta y cinco campus de forma simultánea.

La RUxP, apuntó Venceslao, nació con la voluntad, en primer lugar, de movilizar a la comunidad académica ante el genocidio y la destrucción del sistema universitario palestino. Desde el 7 de octubre, según datos del Ministerio de Educación palestino actualizados el 12 de marzo de 2024, el ejército israelí había asesinado a 231 académicos y 4.327 estudiantes y bombardeado once universidades y doce bibliotecas. El segundo propósito de la Red no era otro que abrir espacios de reflexión —y acción— sobre el hecho de haber llegado a un punto de no retorno en el que asistimos, a través de las pantallas de nuestros teléfonos móviles, a un genocidio en directo cuyas propias víctimas son las que relatan su exterminio.

Acto «La universidad ante el genocidio». Sala Jane Addams. Facultad de Geografía e Historia. Universitat de Barcelona, 11 de abril de 2024.

Como comunidad académica, estamos obligados a hacernos una pregunta: ¿qué tiene que decir —y hacer— la universidad ante la barbarie? Se trata de una pregunta de naturaleza ética, política y científica, campos todos ellos entrelazados entre sí. Antonio Gramsci, como tantos otros pensadores indispensables, señaló que la ciencia es una actividad eminentemente política. De esta suerte, no podemos justificar la inacción de nuestras autoridades académicas bajo el argumento espurio de que ciencia y política son ámbitos escindidos. Ahora más que nunca, no tomar partido es tomar partido. El silencio y la pasividad son complicidad, no solo indiferencia.

Quienes conforman la RUxP, continuó Venceslao, piden a sus respectivos equipos rectorales, a la Conferencia de Rectores y Rectoras de las Universidades Españolas (CRUE) y al Ministerio de Ciencia, Innovación y Universidades que cumplan con sus propios estatutos en materia de respeto a los derechos humanos. En concordancia con ello exigen:

1. Una condena clara y explícita de la destrucción deliberada de las universidades palestinas en la Franja de Gaza y los ataques a profesorado, estudiantes y personal universitario llevados a cabo por Israel.
2. Una exigencia de un alto el fuego inmediato y permanente que permita todas las intervenciones humanitarias necesarias en la Franja de Gaza.
3. La dotación de recursos económicos para la recepción y protección de estudiantes y personal académico en Palestina y para la participación en la reconstrucción de las universidades de Gaza, así como la adopción de medidas por parte de las universidades españolas para contribuir a la recuperación de sus centros y programas de enseñanza.
4. La suspensión de la cooperación con instituciones académicas israelíes, empresas y centros asociados públicos o privados mientras Israel continúe ejecutando sus ataques a la población palestina, tanto en Gaza como en Cisjordania, incumpliendo sus obligaciones como fuerza ocupante.

5. La ruptura de relaciones diplomáticas con Israel por parte del Gobierno de España, así como la solicitud de suspensión del Acuerdo de Asociación UE – Israel por incumplimiento de las cláusulas de dicho acuerdo en materia de respeto a los derechos humanos, la detención y el bloqueo inmediato por el Gobierno de España de todo suministro de armas a Israel y la rescisión de todas sus relaciones comerciales.

Theodor Adorno se preguntó si después de Auschwitz la poesía seguiría siendo posible. Hoy ese interrogante retorna con fuerza. ¿Será posible la poesía después de Gaza? No lo sabemos. Tal vez sí. Tal vez, esa sea nuestra obligación, hacerla posible. En esta misma línea, Venceslao concluyó con la palabra poética de Wislawa Szymborska y recitó «Vietnam»:

> Mujer, ¿cómo te llamas? —No sé.
> ¿Cuándo naciste, de dónde eres? —No sé.
> ¿Por qué cavaste esta madriguera? —No sé.
> ¿Desde cuándo te escondes? —No sé.
> ¿Por qué me mordiste el dedo cordial? —No sé.
> ¿Sabes que no te vamos a hacer nada? —No sé.
> ¿A favor de quién estás? —No sé.
> Estamos en guerra, tienes que elegir. —No sé.
> ¿Existe todavía tu aldea? —No sé.
> ¿Estos son tus hijos? —Sí.

Luego tomó la palabra Manuel Delgado, quien también se preguntó: ¿por qué todas las universidades se sintieron conmovidas por la invasión rusa de Ucrania y ahora quieren mostrarse neutrales ante la carnicería de Gaza? Resulta sorprendente leer comunicados de la Asociación Catalana de Universidades Públicas (ACUP) y la CRUE, en los que hablan de apoyar a la comunidad académica de Israel y

Palestina, con una equidistancia que en algunos casos roza el absurdo, como, por ejemplo, en un comunicado de la segunda al hablar de los sufrimientos que viven estas comunidades por los bombardeos. Resulta llamativa esa incapacidad de la mayoría de los equipos decanales y departamentos para simplemente emitir un comunicado que exprese su solidaridad con el sufrimiento de la población palestina.

Delgado centró su intervención en explicar qué podía aportar desde la antropología, una disciplina que suele destapar aquello viejo que se esconde detrás de lo que es aparentemente nuevo: en el caso de Palestina, lo que sucede recuerda perfectamente a la expansión colonial imperialista de Occidente por todo el mundo durante el siglo XIX. Se trataría de aplicar a la época actual la ideología de eliminar a los salvajes que Joseph Conrad describe en *El corazón de las tinieblas*. También señaló que quien debería estar representando la disciplina era Joan Frigolé, que en 2003 publicó *Cultura y genocidio*, donde recoge lo siguiente:

> Genocidio, término acuñado por Lemkin, jurista polaco, significa la destrucción de una nación o de un grupo étnico. Para Lemkin, «el genocidio no significa necesariamente la inmediata destrucción de una nación, excepto cuando se lleva a cabo mediante el asesinato masivo de todos sus miembros. Se refiere más bien a un plan coordinado de diferentes acciones que pretende la destrucción de las bases esenciales de la vida de los grupos nacionales con el fin de aniquilarlos. Los objetivos de tal plan serían la desintegración de las instituciones políticas y sociales, de la cultura, de la lengua, de los sentimientos nacionales, de la religión, y de la existencia económica de los grupos nacionales, y la destrucción de la seguridad personal, la libertad, la salud, la dignidad, e incluso las vidas de los individuos pertenecientes a tales grupos.»

Y esto nos sirve para pensar sobre las implicaciones culturales que tiene el genocidio. Por ello, Frigolé reflexiona de la manera siguiente:

Los genocidas han imaginado y ejecutado acciones que están más allá de todo límite moral o humano. Han empujado el límite de la crueldad hasta un punto nunca imaginado antes. Parece que no se puede ir más allá, que ya no es posible ampliar el ámbito de la crueldad y del ensañamiento. El horror paraliza la comprensión. Considerar el genocidio como un fruto de la barbarie o de la crueldad inherentes a una naturaleza humana abstracta estimula el pesimismo o el fatalismo. Ambas actitudes dejan inerme (Frigolé 2003: 15).

Sus palabras describen con precisión lo que está ocurriendo en la actualidad. Y hay que entender que el genocidio está relacionado con la empresa del Estado soberano, que es una decisión política que se toma bajo el amparo del Estado nación. Hay que entenderlo más allá del racismo, como reflexiona también Hannah Arendt. ¿Por qué se aliaron los nazis con los japoneses si no eran arios, por qué exterminaron a los gitanos si eran indoeuropeos? ¿Y por qué persiguieron a los homosexuales y a los testigos de Jehová? ¿Y a los comunistas?

Al final del libro, Frigolé (2003: 115) recoge unas palabras del escritor húngaro Kertész, premio nobel de literatura, quien dijo en una entrevista:

Todavía hoy cabe preguntarse de qué manera la cultura europea ha hecho propia la experiencia de la existencia amenazada, que en Auschwitz se manifestó en su grado más absoluto, y que, por otro lado, es una experiencia que fue provocada por esa misma cultura europea (*El País*, 14 de septiembre de 2002).

Delgado finalizó con la siguiente reflexión: en el genocidio de palestina cometido por quienes definen a Israel como la única democracia de Oriente Próximo «está la auténtica naturaleza, la esencia, la verdad del sistema occidental, capitalista, que de tanto en tanto no es capaz de disimular su naturaleza abyecta, perversa e inmoral».

Otro momento del acto: intervención de Ignasi Bernat.

En tercer lugar, habló Roser Rodríguez, que centró su intervención en el proyecto colonial a través de la apropiación del agua. Comenzó señalando su preocupación por la deriva de la academia hacia la producción científica obsesionada por las métricas, por la medición capitalista de la producción científica que la aleja de su verdadero objetivo, que es la transformación social. Por lo tanto, la universidad toma sentido con actos de denuncia como el que nos ocupa. Se trata de pensar colectivamente qué podemos hacer frente a la barbarie, de hablar sin miedo sobre los temas que queremos y debemos abordar, de tener la capacidad de utilizar palabras incómodas como genocidio, colonialismo o proyecto colonial, porque todo es político, todas las decisiones que tomamos, cómo venimos a la universidad, qué consumimos y, por supuesto, qué hacemos en ella. Simplemente, debemos ser rigurosos y transparentes respecto del punto del que partimos.

Por consiguiente, y en la línea de las reflexiones de la mesa, explicó que era necesario profundizar en el estudio de las relaciones sociales y económicas injustas entre regiones, Estados y grupos humanos, en los impactos, limitaciones y crisis del sistema capitalista, en las causas, formas de implementación y consecuencias de las diferentes fases del capitalismo, entre ellas, del colonialismo.

Explicó que lo que define el proyecto colonial es la ocupación y la apropiación de los recursos de un territorio, acompañadas del sometimiento y el exterminio de la población local, fruto de la imposición militar. Llamó la atención sobre cómo este concepto, definido así, se ajusta mucho al que precisó la relatora Albanese. Y, desde este punto de vista, un tema clave en referencia a Palestina tiene que ver con la cuestión del agua, de la apropiación del cauce del río Jordán para beneficiar a Tel Aviv, y con el eufemismo de «hacer florecer el desierto», que está fundamentado en la expropiación de los recursos hídricos palestinos. Después de la guerra de los Seis Días, Israel ya controlaba el 80% de los recursos hídricos del Jordán. En el mapa de la evolución de la ocupación, se ve claramente que hay un interés particular en ir alejando a las poblaciones palestinas del río Jordán.

Rodríguez explicó, recogiendo datos de B'Tselem,[1] que en los Acuerdos de Oslo de 1993 ya se determinó un reparto del agua desigual: el 80% para Israel y el 20% para Palestina. Sin embargo, en el territorio de Cisjordania, ni siquiera se ha cumplido, pues solo llega el 75% de ese 20%, lo que obliga a esas poblaciones a comprar agua a la empresa estatal israelí Mekorot. En Gaza la situación es peor porque hay únicamente un acuífero que está sobreexplotado y que tiene filtración de agua de mar, por lo que el agua está contaminada y salinizada, y, aunque ha habido planes y proyectos para

---

1 Centro de información israelí para los derechos humanos en los territorios ocupados: https://www.btselem.org/water.

reparar la red de abastecimiento y saneamiento, no se ha permitido nunca la entrada del material necesario para ello. En la actualidad hay un bloqueo casi absoluto del acceso al agua potable, lo que representa parte de la catástrofe, pues no solo la falta de agua genera enfermedades, sino que también lo hace la contaminación, lo cual tiene asimismo un impacto para la población más allá de la caída de las bombas.

El último en intervenir fue David Bondia, quien también empezó denunciando la petición de que la universidad sea neutral. No es posible serlo, y mucho menos cuando hablamos de temas de derechos humanos. Como indicó, es en esa no neutralidad cuando vemos la importancia del papel de la sociedad civil, de la universidad, que tiene que posicionarse en contra de los abusos contra el pueblo palestino.

Bondia señaló que en 2010 se celebró el Tribunal Russel sobre Palestina, cuyas primeras sesiones fueron en Barcelona, para subrayar que no hay nada nuevo ni que nada empezó el 7 de octubre. Lo que nos recuerda este tribunal es que lo que nos hace falta no es precisamente más derecho internacional, sino otra cosa. También lo dijo Albanese. El derecho internacional le da la razón al pueblo palestino. Es un problema de la política internacional, que no lo aplica, que solo se basa en declaraciones sin ningún efecto en la realidad. Sin embargo, es posible que ahora veamos movimientos importantes en la Corte Internacional de Justicia y en la Corte Penal Intencional.

También quiso recordar las palabras de Cortázar sobre la importancia del Tribunal Russell, que recaía no tanto en los efectos inmediatos de sus sesiones, sino en la labor de información universal que puede llevarse a cabo a partir de ellas a fin de ampliar la información y utilizarla como arma. Y esto es lo que estamos haciendo ahora en las universidades, al menos por parte de las voces disidentes. A continuación, resumió las sesiones del Tribunal Russell sobre Palestina, impulsado por el judío francés Stéphane Hessel, víctima de los campos nazis. Fueron cinco:

1. Barcelona. El tema de la sesión fue la relación de las instituciones europeas con Israel se trataron los temas de crimen del silencio, venta de armas y complicidades comerciales. Bondia recordó cómo se ha criminalizado al movimiento BDS y que existe una sentencia del Tribunal Europeo de Derechos Humanos que dice que este movimiento no es contrario a la población judía, sino a la importación y exportación de productos de los territorios palestinos ocupados. En este punto, quiso poner el énfasis en que no debemos aplicar el paradigma de hablar de los territorios ocupados en plural: se trata de un solo territorio ocupado, que ha sido dividido por otros. También se habló de la «teoría del espectador»: el espectador es cómplice si su presencia tiene un efecto legitimador sobre los hechos. Esto es relevante respecto al papel de Estados e instituciones como las universidades que no hacen nada.

2. Londres. El tema de la sesión fueran las complicidades empresariales y entre ellas se trató la explotación de recursos y la construcción del muro, entre otros. En este punto, Bondia recordó que en la actualidad la empresa vasca CAF está ampliando las líneas ferroviarias de los territorios palestinos ocupados.

3. Ciudad del Cabo. Se habló sobre el *apartheid*. Desmond Tutu dijo, por ejemplo, que había formas de *apartheid* que no se habían visto en Sudáfrica.

4. Nueva York. Se abordó la responsabilidad de Estados Unidos, destacando su apoyo económico, militar y diplomático a Israel, su derecho a veto y el hecho de que no le exija responsabilidades por sus acciones. También se señaló la inacción de las Naciones Unidas: si su Consejo de Seguridad activó la jurisdicción de la Corte Penal Internacional para investigar crí-

menes en Darfur y Libia, ¿por qué no lo ha hecho en el caso de Palestina?

5. Bruselas. Se habló de que las violaciones por parte de Estados y empresas son sistemáticas.

Bondia quiso terminar pidiendo que no dejemos de prestar atención a Gaza, pues seguirá habiendo muertos cuando acaben los bombardeos y ya no tenga interés mediático. Finalizó con una anécdota del Tribuna Russell sobre Palestina en Barcelona. El 28 de febrero de 2010 Maruja Torres publicó un artículo en *El País* en el que informaba de que sus sesiones empezarían en el paraninfo de la Universitat de Barcelona el día 3 de marzo. Luego, dos días antes del comienzo de las sesiones, la universidad informó de que el paraninfo estaba en obras, por lo que tocó celebrarlas en el Colegio de Abogados. Hay un silencio cómplice. Si nosotros no insistimos para que las universidades se posicionen, estas no lo harán movidas desde arriba.

Recogiendo una de las últimas reflexiones de Bondia, es evidente que nada de lo que está ocurriendo es nuevo. El 7 de octubre no empezó nada, sino que llevamos décadas en que se suceden diferentes etapas de un proceso de dominación colonial. La fase actual es de exterminio brutal, pero también es cierto que, como indican académicos como Pappé, parece que el discurso sionista se resquebraja. Como dominación colonial que siente amenazada su hegemonía, ha decidido exacerbar su violencia contra el pueblo al que somete ante la pasividad humillante y criminal de las democracias occidentales que se erigen en luz y guía de la civilización. Sin embargo, no todo es pasividad por parte de las potencias occidentales. Su actividad es constante y decidida en lo que respecta a la compraventa de armas al Estado genocida de Israel. Como Marta Venceslao y yo señalábamos en el prólogo del primer volumen de esta publicación, es difícil imaginar el alcance que esto tendrá en el marco de los derechos humanos, pero lo que sí ha entendido la sociedad civil, y parece que nuestras universidades empiezan a despertar a ello, es que lo que sucede en Palestina afecta de lleno a nuestras maltrechas democracias y al horizonte emancipatorio del sur global. «Gaza es Gaia.»

Bibliografía

Frigolé, J. (2003). *Cultura y genocidio*, Barcelona: Publicacions de la Universitat de Barcelona.

Acto
«La universidad ante el genocidio»[1]

Palestina: de nakba en nakba
Ignacio Álvarez-Ossorio
Universidad Complutense de Madrid

El pueblo palestino se enfrenta a una de las mayores encrucijadas de su historia. Después de que Palestina sufriera una radical transformación geopolítica y demográfica en el siglo xx, con la limpieza étnica de las tres cuartas partes de su población entre 1947 y 1948, hoy sus mujeres y hombres en la Franja de Gaza se enfrentan nuevamente a la amenaza de un desplazamiento masivo forzado. Si en aquel momento la limpieza étnica afectó a setecientas cincuenta mil personas como mínimo, en la actualidad son un millón novecientas mil las que han sido obligadas a abandonar sus hogares. Se da la circunstancia que el 75 % de la población de la Franja de Gaza estaba compuesta por refugiados que fueron expulsados de sus hogares durante la primera guerra árabe-israelí.

---

1 Este capítulo recoge tres intervenciones que tuvieron lugar en la mesa organizada en la Universidad Complutense de Madrid para debatir con posterioridad a la charla de la Relatora Albanese. Puede verse el vídeo completo del acto en https://www.youtube.com/watch?v=UMe1Wmv2zvU&t=6748s.

Por lo tanto, es pertinente hablar de una nueva *nakba* (en árabe, 'catástrofe'), que es como los palestinos llaman a la expulsión de setecientas cincuenta mil personas de sus hogares en el curso de la primera guerra árabe-israelí entre 1947 y 1948. De hecho, los principales dirigentes del Estado israelí han reconocido que el objetivo principal de la ofensiva contra la Franja de Gaza es crear una nueva realidad sobre el terreno y establecer las nuevas fronteras de Israel. El primer ministro israelí Benjamin Netanyahu ha considerado que estamos ante la segunda guerra de independencia de Israel y todos sabemos cómo acabó la primera: con la expulsión de las tres cuartas partes de la población palestina y con la anexión de más de un 20% del territorio que el Plan de Partición de Palestina concedía al Estado árabe palestino. Su ministro de Agricultura, Avi Dichter, exjefe de los servicios de inteligencia Shin Bet, ha señalado, alto y claro, cuál es el objetivo final de la actual ofensiva: «Estamos desplegando la *nakba* en Gaza: Gaza *nakba* 2023. Así es como terminará». Isaac Kroizer, diputado del supremacista Poder Judío, fue aún más claro al afirmar: «La Franja de Gaza debe ser borrada del mapa para enviar un mensaje claro a nuestros enemigos». Estas afirmaciones son un buen termómetro del estado de opinión en buena parte de la sociedad israelí, que apoya mayoritariamente la destrucción de Gaza (el 80% de sus habitantes son partidarios de proseguir la ofensiva contra Gaza hasta la liberación de todos los rehenes en manos de Hamás).

El objetivo final no sería otro que imponer las nuevas fronteras de Israel por la fuerza de las armas y extender la soberanía israelí al conjunto del territorio comprendido entre el mar Mediterráneo y el río Jordán, propósito recogido en el programa del Gobierno de Netanyahu, el más radical de la historia de Israel, compuesto por una alianza de formaciones ultraderechistas, supremacistas y mesiánicas como el Likud, Poder Judío y Sionismo Religioso. Este objetivo culminaría el proyecto colonialista del movimiento sionista iniciado a principios del siglo xx partidario del desplazamiento forzado de la población nativa palestina y su reemplazo por colonos judíos originarios de Europa.

La aplicación de este proyecto requiere el empleo de un grado de violencia sin precedentes. La destrucción de Gaza a partir del 7 de octubre no es, en absoluto, comparable con la registrada en las cinco agresiones (2006, 2008-2009, 2012, 2014 y 2021) perpetradas desde la entrada en el siglo xxi, todas con el supuesto objetivo de destruir a Hamás. Durante la actual ofensiva militar contra la Franja de Gaza, el ejército israelí ha sobrepasado todas las líneas rojas y violado todas las normas de guerra recogidas en los Convenios de Ginebra. El derecho internacional y el derecho internacional humanitario se han visto ignorados sistemáticamente en una campaña militar que no se ha dirigido contra Hamás, responsables del ataque del 7 de octubre, sino contra el conjunto de la población de Gaza, encerrada en una cárcel a cielo abierto y sin ninguna vía de escape. En los primeros ocho meses de ofensiva, han muerto más de treinta y siete mil palestinos y han resultado heridos otros ochenta y cinco mil, el 70% de ellos mujeres y niños. Israel no ha dudado en emplear el hambre y la sed como armas de guerra impidiendo la llegada de ayuda humanitaria para crear unas condiciones extremas que fuercen el éxodo de la población palestina.

La expulsión de la población palestina y la destrucción de la Franja de Gaza no serían posibles sin la deshumanización del otro, del palestino. El primer ministro Benjamin Netanyahu ha señalado: «Lo que observamos es una batalla entre civilización y barbarie». El presidente de Israel, Isaac Herzog, consideró que «hay una nación entera que es responsable» del ataque del 7 de octubre; y su ministro de Defensa, Yoav Gallant, definió a los palestinos como «animales humanos». Estas declaraciones entroncan con la tradicional narrativa del colonizador sobre el colonizado, descrito como un ser inferior e infrahumano.

Este genocidio a cámara lenta tiene lugar ante la indiferencia, la pasividad o la complicidad de la comunidad internacional. A pesar del insoportable número de víctimas, Estados Unidos y buena parte de la Unión Europea han mantenido inquebrantable su respaldo incondicional al Gobierno de Netanyahu, el más extremista de la historia de Israel. Este posicionamiento evidencia un doble rasero por parte de los países occidentales, que suelen arrogarse el papel de defensores de los valores democráticos y los derechos humanos y que imponen sanciones draconianas a Rusia por invadir el territorio ucraniano, pero dan luz verde a Israel para que perpetre crímenes de guerra, lesa humanidad y genocidio contra el pueblo palestino. Esta connivencia de las principales potencias occidentales con Israel las convierte en cómplices de sus crímenes de guerra y de lesa humanidad. Y también lo son del genocidio en curso, tanto por la cobertura política, diplomática, militar, económica e, incluso, mediática que han otorgado a la agresión israelí como por no evitarla cuando podían hacerlo.

El 7 de octubre: un punto de inflexión
María Ángeles Diez Rodríguez
Universidad Complutense de Madrid

Tengo que confesar que siento cierta vergüenza por la tardanza de la comunidad universitaria en empezar a movilizarnos ante el genocidio que se está perpetrando en Gaza. Pareciera que lo que viven los palestinos hoy hubiera empezado el 7 de octubre. Nada más lejos de la realidad. Las bombas han caído sobre la población gazatí desarmada, como recuerda el profesor Ossorio, en 2006, 2008-2009, 2012, 2014 y 2021. Además, desde hace décadas, el Estado sionista decide sobre la vida y la muerte de los palestinos, particularmente en Gaza, sometida desde 2017 a un bloqueo por tierra, mar y aire. Se suele decir que Gaza es la cárcel a cielo abierto más grande del planeta. Como nos decía Ahmad Abuzubaida en la mesa redonda que tuvo lugar el 5 de abril de 2024 en la Facultad de Ciencias Políticas y Sociología de la Universidad Complutense de Madrid (UCM),[2] no es una cárcel, ya que llamarla así da a entender que los que están en ella han cometido algún delito. Se trata de un campo de concentración que, además, es bombardeado con una clara intención de exterminar a la población allí encerrada.

Aunque nada de lo que ocurre hoy en Palestina es nuevo, el conflicto actual sí supone un punto de inflexión. Lo es por varias razones. En primer lugar, como ya ocurrió con las intifadas (1987, 2000) los palestinos dejan de aparecer en los medios de comunicación como víctimas pasivas que aceptan el inevitable destino de un exterminio silencioso. El 7 de octubre, varias organizaciones palestinas, lideradas por Hamás, realizaron una operación armada que dejó al

---

2 Mesa redonda «Palestina en clave geopolítica: colonialismo y resistencia»: https://www.youtube.com/watch?v=CtkvseiEkis&t=61s.

descubierto la fragilidad del Estado de *apartheid* que es Israel. Este hecho derrumba dos mitos fundamentales que inundan la narrativa occidental desde hace años. El primero de ellos es el que convierte a los judíos israelíes en víctimas incuestionables de la persecución antisemita en Oriente Próximo. El 7 de octubre, como anteriormente las intifadas, destruye el relato de la victimización ontológica de los judíos sionistas. Coloca en primer plano a las víctimas objetivas desde el mismo momento de la creación artificial del Estado israelí: la población autóctona palestina. Este hecho implica un cuestionamiento de la legitimidad fundacional del propio Estado israelí.

En segundo lugar, se derriba el mito de la invencibilidad del ejército israelí. Las acciones armadas de la resistencia palestina, que incluye a varias organizaciones palestinas, no solo a Hamás, no solo desmontan la imagen, sino que destruyen las credenciales de la industria de guerra y de seguridad israelí. Una industria que mueve miles de millones y que ofrece al mundo armas y sistemas de seguridad probados en «combate» contra los palestinos. En este sentido, es clarificador el libro de Antony Loewenstein titulado *El laboratorio palestino*, que documenta la manera en que Israel utiliza los territorios palestinos como «campo de pruebas de armamento, tecnología y vigilancia que luego exporta por todo el mundo».

El punto de inflexión no es, pues, el genocidio en marcha ni la magnitud de la destrucción que el Estado sionista está dispuesto a llevar a cabo, aunque ciertamente hay un salto de nivel en el grado de violencia y crueldad. Se trata, sobre todo, de cómo los palestinos vuelven a presentarse ante Occidente como un sujeto político que interpela al derecho internacional, a los Gobiernos occidentales y a los pueblos comprometidos con la justicia y los derechos humanos. Muestra también la falta de confianza, lo poco que los palestinos pueden esperar de la llamada comunidad internacional, que durante más de setenta años no ha sido capaz de hacer cumplir a Israel ninguna de las resoluciones de las Naciones Unidas relativas a Palestina ni de detener el proyecto colonialista de Israel, que, tratándose de colonialismo de asentamiento, no puede sobrevivir si no es exterminando a la población nativa.

Un aspecto importante en relación con la academia es cómo nos escondemos detrás de la supuesta complejidad de lo que ocurre en Oriente Próximo y especialmente en el caso palestino. No es cierto que sea un problema complejo sobre el que es difícil posicionarse. Los hechos objetivos, repetidos y explícitos muestran que la lógica que hay detrás del proyecto israelí es una lógica de exterminio de la población palestina. Muestran que se trata de una aspiración colonial que lleva aparejados el *apartheid*, la expulsión y el exterminio.[3] Pablo Sapag, un compañero profesor de periodismo de la UCM, nos decía que los hechos sin contexto son propaganda. Ocurre que, cuando solo se habla de Hamás y del 7 de octubre, se está haciendo propaganda. En primer lugar, porque se identifica a toda la resistencia palestina con una sola organización, en segundo lugar, porque se oculta el origen, la historia y la legitimidad de la resistencia de los palestinos. Una resistencia que surgió desde el mismo momento en que, desaparecido el Imperio otomano, los países vencedores de la Primera Guerra Mundial otorgaron a los británicos el mandato sobre la zona allá por 1922.

Hay una responsabilidad indudable de Occidente en lo que ocurre ahora en Gaza, Cisjordania y los territorios ocupados. No podemos asumir el relato de que el problema es Hamás, organización a la que se califica de terrorista, porque de esta forma estamos dando cobertura a las acciones genocidas de Israel. Estamos aceptando la inevitabilidad del genocidio. El hecho de que tengamos que iniciar cualquier acto académico condenando a Hamás supone que acepta-

---

3 Como consta en el informe de la Comisión Económica y Social para Asia Occidental (CESPAO) titulado *Israeli Practices towards the Palestinian People and the Question of Apartheid: Palestine and the Israeli Occupation*, E/ESCWA/ECRI/2017/1.

mos que el punto de partida del problema fue lo que ocurrió el 7 de octubre. Borramos de un plumazo los setenta y seis años de asesinatos, detenciones arbitrarias, *apartheid*, etc. Es necesario que investiguemos, que busquemos las resoluciones de las Naciones Unidas donde se habla de la legitimidad de la lucha armada de los palestinos o del derecho a la autodeterminación (resolución A/RES/37/47) y se condenan las actividades expansionistas de Israel, el bombardeo continuo de los civiles palestinos etc.

Por último, querría decir unas palabras sobre las propuestas de paz de algunos Estados progresistas, especialmente cuando proponen la solución del reconocimiento del Estado palestino. No hay que olvidar que el origen del problema está precisamente en la partición de Palestina. La historia de los Acuerdos de Oslo de 1993 muestra la irrealidad de esta propuesta. Después de más de treinta años, cualquier historiador riguroso reconoce que solo significó que el Estado sionista ganó tiempo para continuar avanzando en su proyecto de expulsión y exterminio de la población palestina. Cuando se habla de los dos Estados, no se nos dice nada sobre la viabilidad fáctica de un Estado palestino que no controla ninguno de los recursos necesarios para la subsistencia de la población. No se nos muestra ese mapa actual completamente fragmentado en bantustanes que hacen imposible la vida digna de cualquier ser humano.

Para formular cualquier propuesta sensata y justa, hemos de aproximarnos a la abundante bibliografía de autores como el historiador judío israelí Ilan Pappé —víctima, por cierto, de una persecución que lo llevó a abandonar Israel—. En sus textos, aborda qué posibilidades de futuro hay y afirma con rotundidad que lo que debemos plantear los occidentales europeos es la descolonización de Palestina. Debemos dejar de arrogarnos el papel de tutores de los palestinos. Es la única posibilidad viable, al igual que ocurrió con la descolonización de África a mediados del siglo pasado. Apostemos por defender la descolonización y que sean los palestinos los que decidan sobre su autodeterminación, sobre cómo ha de ser el Estado que surja de la descolonización. Y cierro con las palabras de Pappé: después de setenta años de adoctrinamiento, la mayoría de los israelíes entienden que tienen dos opciones: «ser democráticos y renunciar a la idea de un Estado étnico judío o ser un Estado judío étnico y renunciar a la democracia». Están convencidos del cinismo de la comunidad internacional, que «condenará sus acciones, pero en la práctica es un mundo muy cínico y continuará apoyando a Israel aunque su faceta como Estado racista y antidemocrático sea cada vez más evidente».[4]

La universidad ante el genocidio
Isaías Barreñada
Universidad Complutense de Madrid

Desde muy pronto, ya desde las primeras fases de esta guerra, ha habido en la UCM un enorme activismo de base por parte de estudiantes y de profesores. No obstante, el problema ha sido la total falta de respuesta de las autoridades académicas, a diferencia de lo que ocurrió con Ucrania. Deberíamos pensar en ello. El objetivo de esta actividad en red, en la que participaron decenas de universidades, es precisamente llamar la atención de la CRUE. La universidad no es solo un espacio de estudio y de investigación, sino que es parte responsable cuando tiene convenios con entidades israelíes que se han posicionado a favor de la guerra y participan directamente en ella. Invito al lector a entrar en las páginas web de las universidades israelíes y verá que todas abren con el apoyo a los combatientes y a

---

4 Entrevista a Ilan Pappé, *elDiario.es*: https://www.eldiario.es/internacional/illan-pappe-historiador-israeli-contar-dias-proximo-ciclo-violencia_128_7959882.html.

la guerra. No obstante, esto no es nuevo, ya que llevamos décadas sin querer ver la implicación de las universidades israelíes en la ocupación y el colonialismo. La guerra actual nos obliga a preguntarnos si queremos seguir teniendo relaciones, convenios y colaboraciones con partícipes y corresponsables de lo que está sucediendo. Por otra parte, esta universidad no puede obviar el hecho de que Gaza se ha quedado sin universidades: sus estudiantes y profesores se cuentan entre las decenas de miles de víctimas y se han destruido todas sus infraestructuras. ¿Podemos imaginarnos un país sin universidades? ¿Qué vamos a hacer al respecto?

La mesa redonda celebrada el 10 de abril de 2024 y el debate posterior tuvieron por objetivo determinar cómo, desde nuestra realidad concreta, la UCM y la Facultad de Ciencias Políticas y Sociología en particular podemos hacer algo más que manifestar nuestro rechazo de la masacre. ¿Qué hacer desde la universidad? Creo que debemos plantearnos tres objetivos concretos: romper el silencio, romper los corsés académicos y conceptuales, y romper las complicidades. El primero debe ser romper el silencio. La universidad tiene que seguir y ampliar su función de denuncia, de análisis, de interpretación y descodificación de lo que ocurre. No obstante, también tiene que exigir un posicionamiento a sus autoridades. Es inadmisible que ante algunos conflictos haya habido una respuesta inmediata, coherente, y ante otros haya habido silencio motivado por el miedo.

El segundo objetivo es romper las camisas de fuerza, los corsés, los bloqueos conceptuales en los que nos movemos en el mundo académico. Lo podemos ver en esta universidad y facultad. Y no se trata únicamente de qué terminología utilizamos, sino de entrar en un debate crítico que cuestione los actuales paradigmas. El más evidente es: ¿tenemos que limitarnos a hablar de «conflicto palestino-israelí»? Llamándolo así, lo presentamos como un conflicto convencional, comparable a otros, en el que dos actores con derechos legítimos y equiparables se enfrentan y cabe tanto la posibilidad de que uno venza al otro como de que ambos lleguen a un acuerdo mediante fórmulas en las que hagan concesiones y renuncias. ¿No deberíamos ampliar nuestros análisis, por ejemplo, a la naturaleza colonial de lo que está sucediendo? El colonialismo no es un conflicto, no se negocia ni se resuelve con concesiones parciales, sino que debe desmontarse.

No obstante, podemos aplicar ese mismo enfoque crítico al genocidio y al excepcionalismo israelí. O al derecho a la resistencia —un tema tabú en derecho que debe dejar de serlo—. Nos olvidamos de que la primera Declaración de los Derechos del Hombre y del Ciudadano de 1789 ya reconoce en su artículo 2 el derecho a la resistencia ante la opresión. Esto no es un punto menor de una resolución de las Naciones Unidas entre otras cien. Es una cuestión que forma parte del andamiaje en materia de derechos que hemos construido, al menos en Occidente. Así pues, tenemos que romper con esos límites conceptuales y ser críticos. Y la crítica imprescindible a las políticas de Israel no implica en absoluto una postura antijudía ni antisemita. Tenemos, pues, que superar el miedo a que nos pongan una etiqueta. Porque no es antisemitismo.

El tercer objetivo es romper las complicidades. Por coherencia. Porque, si revisamos los estatutos de la UCM, sus principios y objetivos abogan por la defensa del humanismo, el espíritu crítico, los derechos humanos, etc. No obstante, resulta que la Complutense, al igual que muchas otras universidades, tiene muchas formas de complicidad con lo que ocurre en Palestina y en otros escenarios de conflicto. Revisemos la lista de los convenios de movilidad para profesores, estudiantes o personal administrativo, revisemos los proyectos. Israel participa en numerosos programas de investigación financiados por la Unión Europea. Hace unos meses, antes de la guerra de Gaza, recibimos una propuesta de un amigo israelí para participar conjuntamente en la solicitud de financiación europea. Nuestro amigo es un pacifista comprometido, pero su universidad es cómplice del ejército y la industria de la guerra colonial. ¿Podemos acaso obviar eso? ¿Al aceptar, no estaríamos contribuyendo a mantener una complicidad inaceptable? Así se lo expresamos a este compañero; y lo entendió. ¿Cómo podemos tener relaciones normales con una universidad israelí que acaba de suspender a profesores por criticar la guerra de Gaza o de expulsar a decenas de estudiantes palestinos por mostrarse solidarios con las víctimas de la masacre? No podemos mantener relaciones normales con universidades que discriminan y censuran. Sería incoherente. Desde la universidad debemos romper las complicidades que supone mantener lazos normales con universidades que forman parte del sistema colonial israelí.

Nuestro siguiente paso es traducir estas reflexiones en acciones concretas.

Universidad contra el genocidio
Ruth Ferrero-Turrión
Instituto Complutense de Estudios Internacionales (ICEI)

Ante la masacre y los crímenes que se están perpetrando en la Franja de Gaza desde el pasado mes de octubre de 2023, la universidad no podía permanecer impasible. La vulneración flagrante del derecho internacional y el derecho internacional humanitario por parte del Gobierno de ultraderecha de Netanyahu es incuestionable. Lo fue en octubre cuando se bombardeó un hospital y aún había quien dudaba de la culpabilidad de Israel, y lo sigue siendo hoy en día cuando ante nuestros ojos se deja morir de hambre y de sed a población inocente, por no hablar de los que mueren asesinados como consecuencia de los ataques del ejército israelí.

Los indicios de genocidio ya están siendo investigados por la Corte Internacional de Justicia a raíz de la demanda interpuesta por Sudáfrica. Y, aunque tarde, la Corte Penal Internacional también se ha manifestado en contra de las acciones llevadas a cabo tanto por el liderazgo de Hamás como por el de Israel. ¿Cómo no hacerlo cuando la violencia de Israel se ha ensañado con instalaciones civiles, escuelas, universidades, hospitales y viviendas y ha dejado la Franja de Gaza completamente arrasada? También los trabajadores humanitarios han sido víctimas del terror. No parece que exista ninguna duda de que se han cometido crímenes de guerra y de lesa humanidad contra el pueblo palestino.

Y durante todo ese tiempo las universidades permanecieron calladas. Incurrieron en dejadez de funciones. Decidieron abstenerse de ser el espacio adecuado para la crítica, la reflexión y la libertad de expresión. Y todo ello a pesar de que la comunidad universitaria de Gaza en su conjunto ha sido brutalmente atacada: se han destruido universidades y se ha agredido y asesinado a estudiantes y profesores, entre ellos casi un centenar de catedráticos, por lo que ya se puede calificar sin ambages de verdadero academicidio. No es nada nuevo si echamos la vista atrás y analizamos los datos no ya solo de Gaza, sino también de Cisjordania. Desde 1982, más de dos mil estudiantes de la Universidad de Birzeit, en Cisjordania, han sido encarcelados y más de treinta asesinados bajo la ocupación israelí. El 15 de enero de 2024 el ejército de Israel asaltó el campus de la Universidad Nacional An-Najah y detuvo a veinticinco estudiantes. Los ataques a estudiantes, profesores e instituciones educativas suceden a lo largo y ancho de todos los territorios palestinos. Al igual que en Gaza, ya está muy claro que lo que ocurre en Cisjordania no es solo una represalia por lo sucedido el 7 de octubre de 2023. Esos ataques salvajes también abrieron una ventana de oportunidad a las autoridades ultras del Estado de Israel para poner en marcha su propia «solución a la cuestión de Palestina», que no es otra que la aniquilación o expulsión de toda la población palestina y la ulterior ocupación de esos territorios como garantía de seguridad del Estado de Israel.

Ante este panorama, era evidente que las universidades no podían quedarse impasibles. Desde las aulas y los centros de investigación era imprescindible actuar y hacerlo con contundencia. Los estudiantes de las universidades estadounidenses fueron los primeros en dar un paso al frente. Los siguieron otros muchos, también en España. En la Universidad Complutense, nos movilizamos porque el silencio de las autoridades era un clamor y nos hacía cómplices. Y, sobre todo, porque mostraba la crisis por la que atravesaba y atraviesa la universidad como institución, donde el miedo a no obtener fondos, a no recibir proyectos que financien la investigación, las publicaciones, etc., acaba con la libertad de pensamiento. Las dinámicas de la universidad neoliberal llevan a la autocensura y coartan la libertad de expresión. Y, si no puede haber libertad de expresión en la universidad, ¿cuál es el objeto de la institución?

Más aún, era imprescindible que la comunidad universitaria interviniera en la vida pública, que iniciara un debate crítico sobre las relaciones internacionales desiguales, el colonialismo, los dobles raseros, las amenazas que se ciernen sobre el derecho internacional y el mundo basado en reglas. Si todo ello no podía hacerse desde la universidad, la institución perdía su sentido. Y fue la comunidad estudiantil la que dio los primeros pasos. No solo había acampadas en Estados Unidos, Francia o los Países Bajos. También comenzaron a aparecer tiendas de campaña en Valencia, Barcelona y, finalmente, Madrid. El movimiento estudiantil, aletargado durante años, empezó a despertar con esta movilización. Los ideales que lo inspiraban eran la lucha por la democracia, la paz y la justicia social y, por supuesto, contra el genocidio.

Los estudiantes nos han mostrado el camino y su capacidad de resistencia. Al resto de la comunidad universitaria nos toca acompañarlos, pero también trabajar para que ese espíritu crítico y rebelde que debe cultivarse en las universidades no vuelva a quedar oculto tras unas dinámicas universitarias que solo favorecen el individualismo y la competitividad.

Una sociedad genocida... educada por el fanatismo religioso en el sionismo neonazi

Enrique Javier Díez Gutiérrez
Universidad de León

El genocidio en Gaza, como ha descrito Francesca Albanese, la Relatora Especial de las Naciones Unidas sobre la situación de los derechos humanos en los territorios palestinos ocupados desde 1967, en la conferencia organizada por la RUxP el 10 de abril con la participación de cuarenta y tres universidades del Estado español, no es, en nuestra opinión, solo producto de la actual política de los dirigentes neofascistas y ultrarreligiosos extremistas de Israel.

En primer lugar, porque el Gobierno actual ha sido elegido por la población israelí, que ha mantenido en el poder a Netanyahu, el líder del partido de derecha radical Likud, con tres investigaciones por corrupción abiertas contra él, un poder que comparte con otros partidos ultraderechistas, fundamentalistas y radicales —Poder Judío, Sionismo Religioso y Noam—, cuyos líderes se enorgullecen públicamente de ser supremacistas y racistas.

En segundo lugar, porque solo una minoría insignificante de esa población israelí se ha mostrado abiertamente contraria al plan colonial de saqueo, expulsión y erradicación sistemática de la población palestina de sus territorios que ha practicado el régimen israelí, gobernara quien gobernase, en los últimos setenta y cinco años.

En tercer lugar, porque este era un plan que ya estaba diseñado desde hace años, como lo muestran las declaraciones del propio

Netanyahu en una entrevista a micrófono cerrado en 2001 en la que expresa sus planes respecto de Gaza: «Lo principal es, ante todo, golpearlos, no una sino varias veces, tan dolorosamente que el precio que paguen sea insoportable. Hasta ahora, el precio no es insoportable. [Me refiero a] un ataque a gran escala contra la Autoridad Palestina, haciéndoles temer que todo esté a punto de colapsar» (*Sott.net*, 2014).

Y, en cuarto lugar, porque es la hoja de ruta del sionismo, apoyada especialmente por Estados Unidos, que pretende apropiarse de Palestina —dado que, según esta doctrina, es la tierra elegida por su dios para los judíos— y expulsar a toda la población palestina, como así lo han expresado claramente los propios ministros del régimen sionista, Bezalel Smotrich e Itamar Ben Gvir, que plantean la «solución final» en Gaza de exigir el reasentamiento de los palestinos fuera de Gaza. Estas declaraciones, que son anteriores al 7 de octubre, reafirman lo que el sionismo hace de manera cotidiana en territorio palestino: robar, desplazar y exterminar a la población originaria con el objetivo de «matar a los palestinos y tomar el territorio», como explica Nurit Peled (Rodríguez, 2023).

EDUCACIÓN SIONISTA

Aún más significativo que todas estas razones es el modelo de educación que se viene diseñando en Israel desde hace décadas, tal y como ha demostrado Nurit Peled, académica israelí e investigadora del racismo en el sistema educativo israelí: «En Israel hay una cultura racista que deshumaniza a los palestinos» (Rodríguez, 2023). Peled, internacionalmente reconocida por sus investigaciones sobre la presencia del racismo y la propaganda en los libros de texto y el sistema educativo israelí, explica que la educación israelí es muy traumatizante y agresiva desde los tres años para que la población infantil viva el trauma del Holocausto y crea que hay otro a la vuelta de la esquina que van a perpetrar los árabes en vez de los alemanes. Los libros escolares hacen verdadero hincapié en ello todo el tiempo.

Así se crea un nacionalismo que lleva a que muchas personas adolescentes estén dispuestas a matar a cualquier palestino de cualquier edad porque creen que son los nuevos nazis que las van a exterminar. Llegan a creer que todo el que no es judío es un nazi en potencia, explica esta profesora e investigadora judía: «Hay un lavado de cerebro en la sociedad, a través de la educación y la propaganda. No hay mucha gente que sepa algo de lo que pasa en los territorios ocupados, tampoco les interesa», afirma en la entrevista que le hace la periodista Olga Rodríguez. Parece recrear la película *La zona de interés*, donde el comandante de Auschwitz, Rudolf Höss, y su esposa se esfuerzan por construir una vida de ensueño para su familia en una casa con jardín cerca del campo de concentración en el que exterminan miles de vidas humanas. Peled concluye que el Gobierno israelí «es un Gobierno de criminales, fundamentalistas y racistas. Y no veo a nadie expulsándolos», ya que los políticos de la oposición hablan el mismo lenguaje.

Esta sociedad, enferma por el fanatismo religioso y el neofascismo sionista, ha sido educada en este modelo fanático, nacionalfascista y ultrarreligioso desde la escuela y mediante la socialización educativa a través de la propaganda sistemática. Por eso no es de extrañar que, mientras vemos cómo niños y niñas palestinos son quemados vivos y despedazados por bombas de fósforo blanco del ejército israelí, prohibidas por las convenciones internacionales, colonos sionistas montan fiestas con sus hijos e hijas en la frontera de Gaza, donde bailan armados con fusiles de asalto. Es como si, en la puerta de los campos de concentración de Auschwitz, los nazis alemanes hubieran montado fiestas burlándose de los prisioneros que iban a ser exterminados.

Simultáneamente, otros colonos sionistas atacan y queman camiones de ayuda humanitaria que se dirigen a la Franja de Gaza, destruyendo los alimentos y las medicinas e impidiendo así la llegada de la ayuda enviada por los organismos internacionales humanitarios a los palestinos, víctimas de la inanición debido a la devastación causada por el ejército sionista. Saben que no solo la población infantil muere de hambre, sino que la falta de asistencia sanitaria acaba también con la vida de muchas personas adultas heridas. La desnutrición aguda ya afecta al 31% de la población infantil del norte de la Franja de Gaza. «Esta educación explica que haya tanta gente que dice "matémoslos a todos", porque le tienen miedo a cualquiera, a todos», afirma la experta Nurit Peled (Rodríguez, 2023).

NORMALIZACIÓN DE LA BARBARIE

Por eso ya ni siquiera es noticia ni provoca escándalo que en la propia Corte Internacional de Justicia de la ONU en La Haya se denuncie que «la incitación al genocidio emana del más alto nivel» del Gobierno israelí. Se ha normalizado que ministros y diputados israelíes emitan declaraciones deshumanizadoras o en defensa, directa o indirectamente, del asesinato de civiles palestinos. La «incitación al genocidio» con pronunciamientos que abogan por «borrar Gaza de la faz de la tierra» se hace con total impunidad (Pita, 2024). De hecho, el ministro de Patrimonio de Israel, Amichai Eliyahu, ha reiterado su llamamiento a atacar la Franja de Gaza con una bomba nuclear y se ha jactado de que «incluso en La Haya conocen mi posición». Estas declaraciones de ministros y políticos israelíes no tienen nada que envidiar a las de los jerarcas nazis del III Reich.

Desde el ámbito ultrarreligioso, se opera de forma similar. El rabino sionista Meir Mazuz, al igual que los nazis hacían con los judíos, deshumaniza a los palestinos y dice que son «animales» a los que no hay que ayudar: «si estuviéramos tratando con humanos, enviaríamos ayuda humanitaria a Gaza, pero aquí estamos tratando con animales», declara. Estas mismas palabras las repite delante de las cámaras de televisión un soldado israelí: «Son animales, puedes grabarlos como en el Discovery Channel. Toda Ramala [Cisjordania] es una jungla, hay monos, perros, gorilas... pero están encerrados y no pueden salir. Los palestinos son animales, nosotros somos humanos». Las consecuencias pueden verse en los vídeos grabados del asesinato a sangre fría de Atta Mukbil, anciano y mudo, por un soldado que sus compañeros felicitan efusivamente mientras él se jacta de haberle pegado cuatro tiros.

Se han difundido innumerables vídeos en las redes sociales donde se ve cómo los jovencísimos soldados que integran las fuerzas armadas israelíes celebran el asesinato de infantes y se ríen de las masacres. También los hay de israelíes diciendo que los palestinos son animales. A su vez, se han difundido fotografías de infantes israelíes que, ya en 2006, escribían su nombre en bombas destinadas a matar a otros niños y niñas en Gaza. Al igual que Nikki Haley, política estadounidense del Partido Republicano y sionista, hizo recientemente cuando firmó bombas contra Gaza.

Derecha: infantes escribiendo su nombre en bombas (2006).
Izquierda: Nikki Haley firmando bombas contra Gaza (2024).

¿Qué sociedad se ha creado bajo el Estado sionista de Israel en aras de una creencia religiosa o con la excusa de esa creencia? El problema de fondo es que los infantes israelíes oyen desde la escuela que los palestinos son animales y que ninguno es inocente. De hecho, Israel puede matar a cualquier palestino y llamarlo terrorista o escudo humano para justificar su asesinato. Esto es lo que el llamado «pueblo elegido de Israel» les hace a los infantes de Gaza, a personas adultas y ancianas, con las bombas que le envía Estados Unidos, el llamado «país de la libertad».

Según el rabino sionista Aryeh L. Heintz, los israelíes tienen permitido robar tierras por mandamiento divino y cualquiera que lo niegue es un antisemita. En sus propias palabras: «Dios creó a Israel y él les dio la tierra palestina a los judíos hace 3.000 años por mandamiento divino. Dios dice que podemos robar este territorio porque él lo eligió. Decir que Cisjordania es un territorio ocupado es antisemitismo» (Mayakowski, 2024b).

Lo mismo afirma Daniella Weiss, líder sionista del movimiento de asentamientos colonos, quien confiesa abiertamente que «La promesa de dios a los judíos es el Israel bíblico, que tiene 3.000 kilómetros de territorio... es una parte del universo elegido por dios para los judíos. Yo me dedico a lavarles el cerebro a jóvenes de 16 años... Puede llamarlo limpieza, *apartheid*. Yo elijo la forma de proteger el Estado de Israel» (Mayakowski, 2024c).

John Hagee, líder sionista de la organización Cristianos Unidos por Israel, es de la misma opinión cuando habla del Gran Israel, un proyecto imperialista al estilo del espacio vital de la Alemania nazi, cuyo objetivo es invadir y ocupar gran parte de Oriente Próximo: «Dios prometió al pueblo judío estas tierras, todo Israel, la mitad de Egipto, el Líbano, Siria, Jordania, Kuwait y tres cuartas partes de Arabia Saudí» (Mayakowski, 2024a). Este fanático sionista está al frente de una organización que tiene diez millones de miembros en Estados Unidos, es decir, diez millones de votantes activos, y se halla entre los sionistas que influyen en la política exterior de Estados Unidos. Fue, por ejemplo, quien aconsejó a Trump que reconociera Jerusalén como capital del *apartheid* y lo animó a trasladar la embajada estadounidense a Jerusalén.

¿Qué cabe esperar de una sociedad así, enferma mental, cultural, ideológica y socialmente? Fanatizada hasta el extremo de impulsar y mantener toda la barbarie que está cometiendo en este nuevo holocausto durante meses y meses con total impunidad, hasta el punto de desviar recursos sociales, de educación y de sanidad a la masacre militar. ¿Qué cabe esperar de una sociedad internacional cuyos representantes asisten con impasibilidad a este nuevo holocausto, retransmitido en directo por las propias víctimas? ¿Qué cabe esperar de la autodenominada comunidad internacional que no solo no ha impedido el genocidio y no hace nada para detener semejante atrocidad, sino que, por el contrario, colabora y lo financia y reprime brutalmente cualquier manifestación de solidaridad con el pueblo palestino masacrado?

Qué hacer

Por este motivo, la solución no puede venir de Israel, el país ocupante. Tiene que ser una solución establecida y garantizada militar y diplomáticamente por el único organismo internacional con capacidad para ello, la ONU, y que, por supuesto, elimine de una vez por todas la posibilidad de veto que tienen algunos de sus miembros. Una solución que pasa por la interposición de una fuerza internacional que obligue al régimen israelí a aceptar:

a) Poner fin inmediato a la violencia de la ocupación, el *apartheid* y la colonización de Palestina que lleva a cabo desde hace setenta y cinco años, pues la violencia no comienza el día 7 de octubre de 2023.

b) La celebración de unos nuevos juicios de Núremberg para determinar la responsabilidad de todos los dirigentes, funcionarios, militares y otros que han colaborado en los diferentes crímenes y abusos contra la humanidad cometidos durante toda la ocupación y el *apartheid* palestinos y en este genocidio.

c) La restauración de todo lo destruido y la reparación y devolución de todo lo expoliado en estos años a cargo de la parte israelí causante de los daños.

d) La creación de un Estado único laico y democrático en el territorio palestino donde puedan convivir personas de diferentes creencias, ideologías y religiones sin ningún tipo de discriminación.

e) El compromiso de la comunidad internacional de prestar asistencia económica y psicológica a la población palestina y de crear un fondo especial de ayudas inmediatas y a largo plazo.

f) Un proceso de educación en la convivencia en igualdad y el respeto mutuo con toda la población palestina y, simultáneamente, de deseducación y desaprendizaje sistemáticos respecto al sionismo imperante a través de un cambio radical de su sistema educativo y de su socialización en la propaganda sionista.

Cualquier otra solución no será más que un atroz alargamiento del colonialismo sionista y del plan de exterminio de la población palestina que viene poniendo en práctica una sociedad israelí radicalmente enferma.

Bibliografía

Mayakowski, Daniel [@DaniMayakovski] (2024a, 31 de mayo). «Dios prometió al pueblo jud*í*o estas tierras, todo Israel, la mitad de Egipto, el

Líbano, Siria, Jordania, Kuwait y tres cuartas partes de Arabia Saudí».
https://bit.ly/3z710N5.

Mayakowski, Daniel [@DaniMayakovski] (2024b, 1 de junio). «Dios creó a Israel y él les dio la tierra palestina a los judíos hace 3.000 años por mandamiento divino». https://bit.ly/4b5bOs8.

Mayakowski, Daniel [@DaniMayakovski] (2024c, 1 de junio). «La promesa de dios a los judíos es el Israel bíblico, que tiene 3.000 kilómetros de territorio... es una parte del universo elegido por dios para los judíos. Yo me dedico a lavarles el cerebro a jóvenes de 16 años... Puede llamarlo limpieza, *apartheid*. Yo elijo la forma de proteger el Estado de Israel». https://bit.ly/4bX6W9U.

Pita, Antonio. «"Borrar Gaza de la faz de la tierra": Las frases de políticos israelíes en las que Sudáfrica apoya su acusación de genocidio». *El País*, 11 de enero de 2024. https://bit.ly/3KH8SaI.

Rodríguez, Olga. «Nurit Peled, académica israelí: "La educación en Israel forma a la sociedad para que viva en el trauma perpetuo"». *El Diario.es*, 27 de noviembre de 2023. https://bit.ly/3ROjUyX.

Sott.net. «Netanyahu caught on tape in 2001: "America is a thing you can move very easily in the right direction"». 15 de julio de 2014. https://bit.ly/3Xl2Vrg.

Censura en la Universidad Miguel Hernández por mostrar solidaridad con la lucha del pueblo palestino

Consejo Sindical Obrero
de la Universidad Miguel Hernández

> Y la gente judía a la que con mucho gusto pertenezco, y en cuya mentalidad me siento profundamente arraigado, no tiene para mí un tipo de dignidad diferente a la que tiene el resto de la gente.
>
> ALBERT EINSTEIN, 1954

INTRODUCCIÓN A LA CONFERENCIA

La Sección Sindical del Consejo Sindical Obrero de la Universidad Miguel Hernández (CSO-UMH) —tanto los afiliados como los simpatizantes— participó el miércoles 10 de abril de 2024 en la conferencia organizada por la RUxP a través de una conexión simultánea con diversas salas en cuarenta y tres universidades del Estado español.

La intervención de la Relatora Especial de las Naciones Unidas sobre la situación de los derechos humanos en los territorios palestinos ocupados desde 1967 suscitó diversos debates y acciones.

DEBATES PREVIOS A LA CONFERENCIA

A modo de preámbulo, con motivo de una de las masacres contra el pueblo palestino en julio de 2014, se sucedieron una serie de acciones de propaganda para lavar la imagen del Estado de Israel, a lo que la sociedad civil internacional respondió con una campaña de boicot, desinversión y sanciones a Israel (BDS) que tuvo su impacto en la Universidad Miguel Hernández (UMH).

Un ejemplo es la indignación suscitada por el Congreso Internacional de Derecho de Agua, Water Law 2014 que se celebró en Alicante entre el 20 y el 22 de octubre de ese mismo año. En esa ocasión, se entregó el premio Ramón Martín Mateo «Agua y Derechos Humanos» a Henrique Cymerman, conocido colaborador en las campañas de propaganda del Gobierno de Israel. El premiado impartió una charla con el título «El milagro del agua en Israel», en un contexto de violación de la legalidad internacional y los derechos humanos por parte de este país, incluyendo la apropiación y la destrucción de recursos hídricos y las infraestructuras asociadas. Sin embargo, los entonces rectores de la Universidad de Alicante y la UMH figuraron en el comité de honor del Congreso, al igual que lo hizo profesorado de la UMH en el comité científico. Por ello, se enviaron comunicados a la comunidad universitaria de la UMH denunciando la situación. El actual rector Juan José Ruiz Martínez, aunque en esa ocasión no actuaba como tal, no tuvo ningún miramiento en desprestigiar públicamente los comunicados en denuncia de las campañas de propaganda del Estado que estaba ocupando brutalmente los territorios palestinos desde hacía décadas.

La respuesta de la universidad ante la guerra: Ucrania versus Palestina

En el CSO estamos a favor de la paz entre los pueblos y decimos no a la guerra imperialista. Reivindicamos firme y decididamente el fin de todas las agresiones imperialistas y el respeto a la soberanía, la seguridad y el derecho a la autodeterminación de todos los pueblos, dado que consideramos que pertenecemos a una misma clase social. Una misma clase y una misma lucha, precisamente, contra la otra clase social que instiga las guerras, al margen de cuál sea el polo imperialista que las inicie, pues, al fin y al cabo, siempre se derrama la sangre del pueblo trabajador.

Acerca del conflicto bélico que se recrudeció en Ucrania en febrero de 2022, pero que llevaba activo desde 2014, señalamos la rapidez con la que la CRUE emitió sus declaraciones. En su día consideramos que había adoptado la posición de las directrices de la OTAN, la Unión Europea y el Gobierno de España. Ya en marzo de 2022, junto con dos federaciones de sociedades científicas españolas, la CRUE fue más allá al recomendar que «si existiera cooperación científica española con instituciones estatales de Rusia se congele con efecto inmediato hasta nuevo aviso». Y, ya en clave persecutoria, la Asociación de la Universidad Europea (EUA) propugnó que se escudriñase caso a caso la idoneidad de mantener colaboraciones docentes e investigadoras con colegas de Rusia o de cualquier país que apoyase a Rusia en el mencionado conflicto.

En ese momento nos preguntábamos dónde se encontraban todas las instituciones europeas de la educación superior y la investigación cuando la OTAN bombardeaba Yugoslavia en 1999 sin respaldo alguno de las Naciones Unidas o durante las invasiones de Afganistán en 2001 y de Irak en 2003 a raíz de unas armas de destrucción masiva inexistentes, los salvajes bombardeos sobre Libia en 2011, la guerra organizada por Occidente en Siria desde hace más de una década, la masacre perpetrada en Yemen por Arabia Saudí con apoyo occidental desde marzo de 2015 o las continuas matanzas contra el pueblo palestino por parte de Israel. También nos preguntábamos por qué no exigían el cumplimiento inmediato de la resolución 690 de 29 de abril de 1991 del Consejo de Seguridad de la ONU para el referéndum de autodeterminación en el Sahara Occidental o por qué callaban ante el bloqueo económico, comercial y financiero contra Cuba, denunciado por la abrumadora mayoría de los países en la Asamblea General de la ONU desde hace veintiocho años (por cierto, Ucrania fue uno de los cinco Estados que en 2021 no condenó el bloqueo).

Por ello, la tradición de las organizaciones obreras de decir no a los créditos de guerra era un tema de total actualidad frente a la decrépita lógica de la guerra: hoy, igual que hace miles de años, las grandes potencias de la época luchan por su hegemonía repartiéndose el mundo, con la notable diferencia que supone el altísimo desarrollo armamentístico. Asimismo, reivindicábamos el papel de la institución universitaria en la generación de lazos de paz y solidaridad con todos los pueblos en vez de convertir a las universidades europeas en cómplices de la guerra. Nos preguntábamos: ¿cuándo abrirá la página web de la UMH mostrando una bandera palestina? ¿Cuándo se condenará expresamente el genocidio del Estado de Israel contra el pueblo palestino? Aún a fecha de hoy, durante la redacción de este documento en junio del 2024, nos preguntamos lo mismo.

Por ese motivo, el 17 de octubre de 2023 enviamos a toda la comunidad universitaria el siguiente escrito, titulado «Olvidemos», en relación con lo que estaba ocurriendo en Palestina:

OLVIDEMOS que el sionismo nació en el siglo XIX en Europa arrogándose unilateralmente el derecho a crear un Estado judío en Palestina, comenzando ya entonces la colonización de «Tierra Santa» y el progresivo desplazamiento de palestinos.

OLVIDEMOS que la fundación de Israel como Estado de mayoría judía sobre la Palestina histórica de mayoría árabe se basó en un plan sistemático de expulsión de más de 800.000 palestinos/as de sus tierras entre 1947 y 1949 en lo que se denomina la Nakba («catástrofe» en árabe). Cálculos de la propia ONU cifran en aproximadamente el 80% la población palestina de entonces expulsada, en un auténtico ejercicio de «limpieza étnica».

OLVIDEMOS a las/os 300.000 palestinas/os que engrosaron la lista de expulsiones en 1967 tras la conocida como la guerra de los Seis Días.

OLVIDEMOS que la Nakba, en realidad, nunca terminó y se prolonga ya desde hace 75 años con el permanente robo de tierras palestinas para los asentamientos judíos, la destrucción de viviendas y tierras agrícolas palestinas por colonos judíos, las deportaciones, las periódicas masacres de civiles, y la negación del derecho al retorno. De hecho, a día de hoy alrededor de 1.100.000 palestinas/os, cientos de miles más que en la Nakba de 1948, están siendo expulsados del norte de Gaza por el ejército sionista.

OLVIDEMOS a los más de 7 millones de palestinos y palestinas refugiadas y desplazadas a quienes Israel ilegalmente impide el regreso a su tierra, en flagrante incumplimiento de la resolución 194 de Naciones Unidas de 11 de diciembre de 1948, que establece el derecho de retorno de los desplazados o de indemnización para quienes decidan no volver.

OLVIDEMOS que incluso los 1,6 millones de *«árabes israelíes»*, descendientes de los palestinos desposeídos de sus tierras que quedaron dentro de las fronteras de lo que a partir de 1948 se llamó Israel, son legalmente tratados como ciudadanos de segunda por no ser judíos en un auténtico régimen de *apartheid* que comparten con el resto de los palestinos en su propia tierra.

OLVIDEMOS el derecho y el deber de cualquier pueblo ocupado a su legítima defensa y a luchar por su liberación. La actual es una guerra contra todo el pueblo palestino y su Resistencia, y NO contra una organización concreta o contra el terrorismo, como de forma maniquea nos presentan algunos medios de comunicación. No caben, por tanto, falsas equidistancias y los silencios son cómplices del genocidio.

OLVIDEMOS el doble rasero que se aplica al conflicto palestino-israelí comparado con la guerra en Ucrania donde, con un absoluto desprecio a sus antecedentes, sí se nos señala interesadamente quién es agresor y quién agredido mientras que en este caso se obvia quién es el ocupante y quién el ocupado.

OLVIDÉMONOS de que la CRUE y sociedades científicas españolas se posicionen en este caso del lado del pueblo ocupado u ordenen la suspensión de relaciones científico-académicas con instituciones israelíes, como sí lo han hecho con las de Rusia. Tampoco la página web de la UMH abrirá mostrando una bandera palestina.

Pero **NUNCA OLVIDEMOS** esto:

¡¡¡ PALESTINA VENCERÁ!!!

Este escrito fue respondido al día siguiente por el Vicerrectorado de Infraestructuras con un correo electrónico dirigido a toda la comunidad universitaria en el que nos recordaba que «En la normativa, además de destacar el obligado cumplimiento en materia de protección de datos, se indica que las listas de distribución solo podrán emplearse para difundir información relacionada con la actividad universitaria e institucional de la UMH.»

En ese marco, desde la Sección Sindical del CSO-UMH, el día 19 de octubre nos hicimos eco de la carta abierta que la Universidad de Birzeit, en Palestina, dirigió a las instituciones académicas internacionales en relación con los últimos acontecimientos en Gaza.[1]

ACCIONES PREVIAS A LA CONFERENCIA
Y LA REPRESIÓN EN LA UMH

El 29 de noviembre, la Sección Sindical del CSO convocó una concentración en el campus de Elche de la UMH en solidaridad con el

---

[1] Puede consultarse en https://cso.umh.es/2023/10/19/carta-abierta-desde-la-universidad-de-birzeit-en-palestina-a-las-instituciones-academicas-internacionales/.

pueblo palestino. En esas fechas, continuábamos presenciando el último ataque del proyecto colonial sionista contra la población y las infraestructuras civiles, sanitarias y educativas, en el que se hacía patente la magnitud del genocidio contra la población palestina. Denunciábamos, por tanto, el incomprensible silencio cómplice de la comunidad internacional, de las instituciones universitarias del Estado español y, más concretamente, de la UMH.

Tras la convocatoria de la concentración, la administración de la UMH censuró la distribución de correos por parte del CSO-UMH alegando diversos motivos. Una de sus razones para silenciar al sindicato fue nuestro llamamiento a la comunidad universitaria para concentrarse a las puertas del edificio Altabix en solidaridad con Palestina el 29 de noviembre —Día Internacional de Solidaridad con el Pueblo Palestino—.[2] Con la hipocresía propia de las peores prácticas antidemocráticas y reaccionarias, la administración de la UMH refirió que tales comunicados deben prohibirse en el ámbito universitario. Sin embargo, se había posicionado con relación a la guerra en Ucrania, cuando había dejado claro que el valor de una vida humana depende de la postura de su Estado a nivel internacional. Desde esa decisión, llevamos cuatro meses sin tener acceso a las listas de distribución de correo electrónico del sindicato.

Impacto de la conferencia en la UMH

Quienes asistimos a la conferencia debatimos acerca de la anatomía del genocidio relatado por Francesca Albanese: desde el proceso de deshumanización y posterior negación de la humanidad hasta la destrucción del pueblo palestino, lo que ya quedaba explícito en la car-

---

2 Puede consultarse en https://cso.umh.es/2023/11/22/concentracion-29-de-noviembre-en-solidaridad-con-el-pueblo-palestino/.

ta abierta de la Universidad de Birzeit ya mencionada. Al hilo de las palabras de la Relatora Especial de las Naciones Unidas, coincidimos en que la universidad, más allá de su actividad docente e investigadora, tiene responsabilidad en la formación crítica de su estudiantado y debe influir en el conjunto de la población. En ese sentido, estamos de acuerdo en que el conjunto de la comunidad universitaria debe responder frente al genocidio perpetrado por el Estado israelí contra el pueblo palestino. Para ello, es necesario que la universidad sea un espacio para el desarrollo de la cultura y la formación de la conciencia cívica con total libertad de expresión. Tras acordarlas durante el debate y en línea con la RUxP, el 29 de abril se transmitieron al Rectorado las principales conclusiones del informe *La universidad ante el genocidio* de Francesca Albanese, concretadas en cinco demandas, y se instó al equipo rectoral de la UMH a hacerlas suyas.[3]

Hoy en día, las personas que están al frente de la UMH siguen sin respondernos. Consideramos intolerable el silencio de la administración de la UMH ante el genocidio que con toda seguridad será uno de los episodios más negros y vergonzantes de la historia de la humanidad.

3 Puede consultarse en https://cso.umh.es/2024/04/30/demandas-a-rectorado-en-base-al-informe-la-universidad-ante-el-genocidio/.

Palestina: una voz negada

IRINA FERNÁNDEZ
ÁLVARO ZAMARREÑO
Universidad Nacional de Educación a Distancia

INTRODUCCIÓN:
UN ACTO PARA PONERLE ROSTRO A PALESTINA

Quienes estudiamos en la UNED sabemos muy bien lo que significa el aislamiento, la soledad y la dispersión. Son elementos que constituyen nuestro *modus vivendi*. No obstante, un pequeño cartel, del tamaño de un folio, en los tablones de anuncios de la universidad nos invitaba a romper ese aislamiento y ponernos caras en un acto presencial.

Claro que habíamos puesto caras al rechazo social a la masacre. Caras de indignación, de rabia, de dolor, en un puñado de manifestaciones en los meses anteriores. Pero estas eran distintas porque eran caras de nuestra universidad. Eran caras que reconocían que un campus no es una acumulación de matrículas universitarias. Varias decenas de caras, de personas reunidas en el salón de actos de la Facultad de Políticas y Sociología de la UNED, para escuchar, a través de una pantalla, a una jurista de las Naciones Unidas. En realidad, eran varias decenas de rostros que decían: el conocimiento, sin ética, no vale nada. La universidad, sin ética, no es universidad.

Cuando Francesca Albanese acabó su intervención para la RUxP, en la charla coordinada por la profesora Irina Fernández desde la UNED pudimos escuchar a Raquel Martí, que es la directora del comité español de la UNRWA, la agencia de las Naciones Unidas para los refugiados de Palestina, quienes saben perfectamente lo que es la soledad, incluso cuando están rodeados de personas. También conocen bien esa sensación de conexión cuando ven en las facciones del «otro» las mismas emociones que en las suyas propias.

A lo largo de los últimos meses, hemos sentido muchas veces esa impotencia aislada. Solos, en nuestra casa, leyendo, viendo o escuchando en las redes o en los medios lo que sucede en tierra palestina. Nos invade una incontrolable sensación de incomprensión cuando, a la mañana siguiente, comprobamos que todo sigue igual y nada ha puesto fin a lo que la noche anterior nos parecía un límite insoportable de dolor. ¿Quién no ha sentido, a lo largo de estos meses, una absurda sensación de mareo al leer los razonamientos con los que intentan justificarnos ese dolor? ¿Quién no ha sentido náuseas al escuchar a quienes niegan toda veracidad a lo que sucede?

No son sensaciones nuevas. No, al menos, para el pueblo palestino. No hay más que abrir una obra de Mahmud Darwish para encontrárselas de cara. Como en este extracto de su biografía poética, que gira en torno a esos dos espacios —las fronteras y los aeropuertos— que exponen al palestino a su descarnada miseria:

> Te ves en una larga película, narrando lentamente lo que le sobrevino a tu gente, desposeída de la lengua, del trigo, la casa, los argumentos... desde que el gigantesco buldózer de la historia pasó y los arrolló y niveló el lugar con la vara de una mitología pertrechada hasta los dientes de armas y sacralidad (Darwish, 2011).

La intervención de Franchesca Albanese para la red de más de cuarenta universidades españolas tuvo la exactitud esperable en una jurista. Sus palabras recogen un momento preciso del presente de Palestina. Sin embargo, la presencia de una voz de la UNRWA nos permite conectar con la memoria de su pueblo.

El genocidio no es la aniquilación física de un grupo humano. Es, más bien, como una palanca, que es capaz de multiplicar la potencia de un esfuerzo al aplicarlo de manera muy concreta. El genocidio del pueblo de Palestina no busca acabar físicamente con cada uno de sus integrantes. Quienes lo perpetran saben que hay palancas que, al actuar sobre ellas, consiguen un prodigioso esfuerzo multiplicador.

Una de las palancas del genocidio es la destrucción de la memoria colectiva. Un pueblo sin memoria es un pueblo sin elementos de identidad. No es un pueblo, sino un conjunto de individuos, cada uno aislado de la memoria y la identidad del otro, de sus aspiraciones. Fue un sociólogo israelí, Baruch Kimmerling, el que acuñó un término muy preciso para explicar un siglo de sionismo: «politicidio» (Kimmerling, 2004). Desde principios del siglo xx, el objetivo es destruir a Palestina como un conjunto de personas con una identidad y una aspiración comunes. Sus habitantes podrán seguir viviendo, siempre que no sea como palestinos.

Por eso hay ciudadanos árabes en Israel, pero no palestinos. Existen, en el imaginario colectivo de los israelíes, pueblos, barrios o mercados árabes. Existen otros países árabes, en los que sus habitantes pueden seguir viviendo como árabes. Al fin y al cabo, los árabes ya tienen millones de kilómetros cuadrados por los que expandirse. ¿Por qué tienen esa enfermiza insistencia en querer hacerlo justo ahí? Lo único de lo que Israel nunca ha aceptado hablar en ningún proceso de paz es del «problema» de los refugiados, que no es otra cosa que el respeto a los derechos de esas personas, fundamentalmente el derecho al retorno.

Tanto la experiencia de los refugiados como sus propias manifestaciones indican que solo una pequeña parte de ellos quieren volver a sus lugares de origen de forma permanente. Quienes aceptan hablar del derecho al retorno en la sociedad israelí, lo hacen con la advertencia de que la materialización de ese derecho supondría la desaparición de Israel como país con una mayoría judía. Sin embargo, si se intuye que la mayor parte de los refugiados no volverían para quedarse, ¿por qué esa insistencia en no querer ni tan siquiera negociar sobre el tema? Solo podemos aventurar una hipótesis: el problema no es cuántos refugiados hay, sino su mera existencia como concepto. Si los refugiados de Palestina existen, Palestina existe. Existe un pueblo con un arraigo, generador de derechos, y existe una población desarraigada por la fuerza. Y esa intersección entre una población desarraigada y un lugar del que fue desarraigada es el verdadero problema.

Los refugiados de Palestina son el recordatorio constante de que existía una Palestina antes de 1993, y de 1967, y de 1947. Como los padres fundadores de Israel reconocieron discretamente, no existía aldea, campo o árbol del país que estuvieran «fundando» en 1948 que antes no hubieran sido palestinos. Por ese motivo, su proyecto político no podía salir adelante sin desposeer de cada aldea, campo y árbol a quienes allí vivían. Ese es un hecho que la sociedad israelí no está preparada para reconocer por sus implicaciones éticas. Resulta más sencillo negar el problema de raíz: no hay refugiados de Palestina porque no hay Palestina.

La sociedad palestina advirtió por primera vez del desvarío sionista en el siglo XIX (Khalidi, 1997). No tuvieron mucho éxito, al igual que les ocurrió cuando denunciaron la «venta» de su país por parte de una potencia imperial en los años veinte del pasado siglo —la Declaración Balfour, en la que Reino Unido legitimaba al movimiento sionista para hacerse con el territorio palestino— o la posterior ocupación colonial británica al acabar la Primera Guerra Mundial. Conscientes del peligro existencial para su sociedad, los palestinos fueron mucho más efectivos, tanto en la estrategia como en el discurso, a principios de los años treinta, cuando crearon un movimiento popular de resistencia anticolonial, que fue aniquilado por Reino Unido —y las milicias sionistas— a partir de 1936.

Se ha tachado a la sociedad palestina de desorganizada, carente de liderazgo, atrasada. Sin embargo, el esfuerzo que un imperio colonial como el británico tuvo que hacer para subyugar al movimiento de liberación palestino en esos años es la mejor muestra de lo falsas que son esas etiquetas. Por el contrario, era tan consciente de sí misma, de su lugar en el mundo, de su aspiración legítima y de su capacidad para lograrla, que hubo que arrasarla para frenarla en su anhelo. Su élite política, social y miliciana fue erradicada de tal manera que una década después no se había recuperado. Por eso, en el momento crucial, ante el desafío planteado por las potencias internacionales, no tuvo capacidad alguna de hacer frente al plan para la destrucción no ya de sus élites o anhelos nacionales, sino de su propio ser: sus ciudades y pueblos, su patrimonio económico, histórico, cultural.

La sociedad palestina fue desmantelada en apenas unos meses. Miles de palestinos se convirtieron en cuestión de días en seres errantes por los montes, las playas o los desiertos. Una sociedad que, unos años antes, se encauzaba hacia su propia modernidad como cualquier otra en el mundo, se vio arrojada a la iniquidad de que se pusiera en duda que la estaban destruyendo y se negó su dolor por las decenas de vidas perdidas. Los palestinos no solo no eran una sociedad, sino que nunca lo habían sido, y solo su odio al «otro» —al judío— explicaba su violento apego a una tierra que no les pertenecía. ¡No solo no eran víctimas, sino que eran los verdaderos perpetradores!

En apenas unas semanas, los refugiados de Palestina entendieron la soledad en la que se encontraban. Desde entonces, los han identificado, según el exitoso imaginario mediático, como vividores pasivos que se limitan a no hacer nada, recibir ayudas de la ONU y desear la destrucción de un país que no les ha hecho nada malo. Esta última frase cae por su propio peso y no será necesario desmentirla. No obstante, revisemos esa supuesta pasividad vividora del refugiado de Palestina.

Personas que unas semanas antes vivían en casas rodeadas de explotaciones agrícolas se vieron repentinamente durmiendo en las playas de Gaza. La pequeña capital provincial no podía hacer frente a la llegada de miles de huidos de otras zonas del país. La gente acampó en las dunas de la costa, como atestigua todavía hoy el campamento de Shati, que literalmente significa 'la playa'. El archivo fotográfico de la UNRWA permite ver esos primeros asentamientos, en los que, en cuestión de semanas, los propios refugiados empezaron a organizar las primeras clases, antes incluso de que se creara la agencia. Luego se formalizó lo que ellos ya habían puesto en marcha. Esto que sucedió en el ámbito educativo es, en resumen, lo que ocurrió en realidad respecto a la UNRWA: una estructura con la legitimidad en derecho que otorga la ONU y la legitimidad en ejercicio que aporta el que la mayor parte de su trabajo esté proyectado y ejecutado por refugiados de Palestina.

En su intervención en la UNED, Raquel Martí aclara que la agencia no tiene ningún mandato para el reasentamiento. Su mandato, que es renovado cada pocos años por la Asamblea General de las Naciones Unidas, es sencillo: asistir y proteger a los refugiados de Palestina hasta que se cumplan las resoluciones 194 y 242. Desde hace décadas, la obsesión de Israel no es que se solucione el «problema» de los refugiados de Palestina, sino que no puedan presentarse como tales. Y, si el instrumento más eficaz que los propios refugiados han creado para cuidar de sí mismos es esta agencia de la ONU, la manera más efectiva de acabar con ellos como grupo es acabar con la agencia. Han intentado destruir su financiación, sus escuelas, su mandato, sus instalaciones —incluso su sede principal en Jerusalén—, y han intentado aniquilar a las personas que trabajan en ella asesinando a más de ciento noventa. Las palabras de Raquel Martí a la comunidad de la UNED muestran que la única manera en la que se podrá acabar con la UNRWA es acabando con lo que dio lugar a su aparición: la desposesión de millones de palestinos.

Hoy los palestinos han regresado a la arena de las playas de Gaza. Las carpas han vuelto a cubrir sus cabezas, a proteger a sus hijos, a acoger sus clases. Hoy, parece que hemos retornado al principio del ciclo. Pero no. Porque, en contraste con la indiferencia de hace ochenta años, sus rostros también son los nuestros.

En Palestina, el algoritmo ya decide la vida (y, sobre todo, la muerte)

Jorge Sequera, vicedecano de Investigación de la Facultad de Políticas y Sociología, comenzó hablándonos de Lavender. El nombre ('lavanda' en inglés) despista porque, si Lavender desprende algún olor, no puede ser otro que el de la muerte, pues se trata de un *software* que se alimenta de la inteligencia artificial para generar objetivos humanos. Lo reveló una investigación de +972 *Magazine*[1] —una revista en línea independiente y sin ánimo de lucro, dirigida por un grupo de periodistas palestinos e israelíes—, que informó de que, en las primeras semanas de la guerra, las matanzas dependían casi en exclusiva de la aplicación. Fue en esos momentos cuando Lavender señaló a más de treinta y siete mil palestinos como potenciales militantes de Hamás. Su eficiencia es tal que veinte segundos de supervisión humana se consideraban suficientes para confirmar que el objetivo en cuestión era efectivamente... un varón. En el 10% de los casos —el margen de error de Lavender—, la persona señalada no tenía una relación estrecha con los grupos militantes, a lo que hay que sumar los daños colaterales: las mujeres, niños y civiles en general que Lavender tuvo que aniquilar para eliminar a sus verdaderos objetivos. Daños colaterales que también están cuantificados: quin-

1 Puede consultarse en https://www.972mag.com/lavender-ai-israeli-army-gaza/.

ce o veinte civiles por cada militante subalterno de Hamás, hasta cien por cada comandante.

La fórmula está bastante clara y deja pocas incógnitas por despejar. Todo ello lo había adelantado ya, en 2021, Yossi Sariel, actual comandante de la unidad de élite de inteligencia israelí 8200, en su libro, escrito bajo seudónimo, *El equipo humano-máquina: cómo crear una sinergia entre la inteligencia humana y la artificial que revolucionará nuestro mundo*. Según Sariel, la máquina evita el «atasco humano» que se produce no ya en la identificación de objetivos militares, sino también en la toma de decisiones sobre dichos objetivos. Cuando en el futuro, esperemos que próximo, los Adolf Eichmann de este genocidio sean juzgados, siempre podrán esgrimir no solo que «todas las actuaciones estatales estaban respaldadas en leyes, decretos y reglamentos», como hizo el teniente coronel de las SS (Arendt, 2003, p. 4), sino que, además, fueron decididas en último término por las máquinas.

Recordó Sequera que todo esto tiene que ver, y mucho, con uno de los quehaceres fundamentales de la academia: la investigación. Según datos de Open Security Data Europe —una plataforma pública que hace seguimiento del gasto de la Unión Europea en proyectos relacionados con la seguridad y publica los resultados—, entre 2008 y 2023, Israel ha recibido fondos de investigación europeos —es decir, fondos del Programa Marco de Investigación en Seguridad 7, de Horizonte 2020 y de Horizonte Europa— por un importe de 69.386.000 euros —lo que representa más fondos per cápita de los que recibe, por ejemplo, Italia—, repartidos en un total de 132 proyectos. A través de una empresa griega adquirida por Israel Aerospace Industries (IAI), esta compañía pública de armamento israelí se beneficia de buena parte de estos fondos. Necrociencia para consumar una masacre financiada por la ciudadanía europea: nos lo explican con detalle varias compañeras de la RUxP en el artículo titulado «Investigaciones españolas con financiación europea acaban en empresas de armamento israelíes»[2] y Jorge Sequera en otro que lleva por nombre «Mientras los algoritmos matan, las acampadas por Gaza se multiplican».[3]

Una voz negada para una tierra negada

Es difícil realizar un documental que trate un tema sobre el que pocas personas quieren hablar. Así ocurría con Palestina en los últimos años hasta que el 7 de octubre volvió a los medios de comunicación españoles. Esto fue lo que abordó en su intervención Yolanda Prieto, realizadora de UNED Media, que, en coordinación con Ramón Adell, profesor de Sociología de la UNED, ha realizado el documental *Palestina, una tierra negada,* una revisión histórica del conflicto palestino-israelí desde sus orígenes coloniales hasta el año 1967 y que tiene continuidad en una segunda parte, que abarca desde el año 1967 hasta la actualidad. La emisión de este documental en RTVE, prevista en principio para el mes de mayo, se ha paralizado *sine die* bajo argumentos que, desde nuestro punto de vista, guardan escasa coherencia y se aproximan demasiado a la censura. Paradójicamente, justo ahora que Palestina vuelve a aparecer en el mapa.

Prieto centró su intervención en el relato mediático construido en torno a la masacre que Israel perpetúa desde octubre de 2023 sobre el pueblo palestino. Destacan varios rasgos de la retórica utilizada, que impregna prácticamente a todos los medios de comunicación de mayor alcance. En primer lugar, el 7 de octubre lo explica

---

2 Puede consultarse en https://www.eldiario.es/sociedad/investigaciones-espanolas-financiacion-europea-acaban-empresas-armamento-israelies_129_11386409.html.

3 Puede consultarse en https://www.elsaltodiario.com/opinion/acampadas-universidades-palestina-genocidio-israel-inteligencia-artificial.

todo: no hay atisbo de ningún relato alternativo que explique las actuaciones militares de Israel sobre Gaza. En segundo lugar, se ignora por completo el origen colonial del problema y el hecho de que, de acuerdo con la Asamblea General de las Naciones Unidas —resolución 3.070 de 1973 o resolución 45/130 de 1990— o el Protocolo Adicional I a los Convenios de Ginebra (1977), los Estados reconocen a los pueblos sometidos bajo dominación colonial o extranjera la legitimidad de oponer resistencia ante el Estado opresor, incluida la lucha armada. El relato omite, en fin, las nociones de *apartheid*, colonialismo de asentamiento, presos políticos, sionismo, detenciones arbitrarias y tantas otras porque son conceptos que dan cuenta del horror de vivir en Palestina ya antes del 7 de octubre, de la violencia estructural a la que está sometida la población palestina, y añaden, por tanto, profundidad al relato.

Los ataques de ese día, categorizados siempre como actos de terrorismo, son, o pretenden ser, de cara a la opinión pública, la coartada única, perfecta y suficiente para todo lo que ha venido después. Israel ha fijado, así, dos enunciados básicos en el discurso de los gobernantes europeos y de Estados Unidos, tal y como señaló en el documental Isaías Barreñada, profesor de Relaciones Internacionales de la Universidad Complutense de Madrid: Hamás es una organización terrorista e Israel tiene el legítimo derecho a defenderse de ella. El problema, como muy bien explica Barreñada, es que Israel invoca ese derecho desde una posición de ilegalidad porque está ocupando el territorio. Y hay un principio jurídico que dice que una ilegalidad no puede dar pie a la reclamación de un derecho. Es decir, si un país está instalado en una situación ilegal, no puede ampararse en su derecho a protegerse. No obstante, Israel sigue invocando ese enunciado incompleto —el derecho a defenderse— hasta el momento de escribir este capítulo: exactamente ocho meses después del 7 de octubre de 2023. Se trata de confundir, por último, de manera torticera y —señala Prieto— completamente oportunista, los conceptos de antisionismo y antisemitismo, elevado en Occidente a la categoría de anatema.

El cóctel se completa con una ciudadanía que, veinte años después, parece haberse olvidado del enorme engaño que fue la «guerra contra el terrorismo» que emprendió G. W. Bush y con un clima social y mediático caracterizado por la saturación de estímulos informativos inconexos y de origen difuso con los que no solo es difícil empatizar, sino que incluso cuesta creerse. El relato presentado es, además, el más sencillo de digerir si no queremos enfrentarnos a la disonancia cognitiva que supone aceptar que ahí, en Palestina, no tan lejos, se está perpetrando una masacre de proporciones inefables. Mejor no creer en nada que creer en el genocidio.

Y mientras tanto, en la universidad...

Desde UNEDxPalestina, nodo de la RUxP, se organizó el acto del 10 de abril bajo el convencimiento de que la universidad es el lugar idóneo para hablar de los horrores de la guerra cuando ya no es guerra, de la situación crítica de la UNRWA, de los fondos de investigación europeos destinados a la industria militar o de desinformación, pese a que el acto se intentó prohibir escudándose en la idea de que la política se debe dejar fuera de las aulas.

En el futuro, sería interesante investigar desde una perspectiva sociológica las creencias reales que nutrieron, en algunas de nuestras colegas, la defensa de dicho axioma para atacar este acto y las actividades de la RUxP. Posiblemente, en la mayoría de los casos fue un mero pretexto que escondía razones ideológicas, pero quizá no en todos. Quizá existía también la convicción genuina de que, por mucho que nos pese y por apocalíptica que sea la realidad que nos rodea, ciencia y política no se pueden mezclar, bajo la ingenua creencia de que la primera —la pura, la objetiva— se vería contaminada por la segunda.

Sin embargo, muchas personas creemos que solo incorporando esta causa —la implicación de nuestras universidades para poner fin a un genocidio en curso— a nuestra vida laboral y personal cotidiana podemos escapar, siquiera un poco, de la angustiosa y asfixiante sensación de que la vida —nuestra vida— se ha convertido en una especie de ficción desustanciada y absurda. A esa ficción Hannah Arendt la llamó magistralmente la «banalidad del mal» y la retrató en el ensayo consignado en la bibliografía sobre el hombre anodino y obediente que fue Eichmann. Y es que la banalidad del mal se ejerce también —añadiremos— cuando nos ceñimos con un rigor que raya en lo absurdo al canon de nuestros temas habituales de investigación, blindando así de ciertos contenidos a la actividad académica, esa que precisamente nos otorga cierta voz en el seno de la sociedad y cierto poder de cambiar las cosas.

Bibliografía

ARENDT, Hannah (2003). *Eichmann en Jerusalén. Un estudio sobre la banalidad del mal*, 4.ª ed., Barcelona: Lumen.

DARWISH, Mahmud (2011). *En presencia de la ausencia* (trad. de L. Gómez), Barcelona: Pretextos.

KHALIDI, Rashid (1997). *Palestinian Identity: The Construction of Modern National Consciousness*, Nueva York: Columbia University Press.

KIMMERLING, Baruch (2004). *Politicidio. La guerra de Ariel Sharon contra los palestinos* (trad. A. Varela), Madrid: Foca.

Alternativas antibelicistas desde la universidad

SANDRA DEMA MORENO
FRANCISCO ERICE SEBARES
BEATRIZ GONZÁLEZ FERNÁNDEZ
ESMERALDA RODRÍGUEZ MEIRELES
LUIS SANTOS CORTINA
GABRIEL PRUNEDA
UO por Palestina

Con motivo de la conferencia que la Relatora Especial de las Naciones Unidas sobre la situación de los derechos humanos en los territorios palestinos ocupados, Francesca Albanese, impartió para el conjunto de la RUxP, el 10 de abril de 2024, se organizó en la Universidad de Oviedo una jornada alrededor de dicha conferencia. Tal y como se puede observar en la figura 1, la jornada estuvo compuesta por cuatro actos complementarios: 1) concentración de la comunidad universitaria en protesta por el genocidio en Gaza; 2) presentación de la RUxP y de la Universidad de Oviedo por Palestina (en adelante, UOxP); 3) retransmisión de la propia conferencia de Albanese; y 4) una mesa para debatir sobre las alternativas antibelicistas desde la universidad.

LA CONCENTRACIÓN

A la concentración de repulsa al genocidio en Gaza, que tuvo lugar en el patio del Edificio Histórico de la universidad, acudieron entre cien y ciento cincuenta personas (figura 2). Hubo presencia de los tres colectivos (estudiantes, personal docente e investigador y personal técnico, de gestión y de administración y servicios) y se contó, además, con la asistencia a título individual de representantes sindicales, así como de miembros del equipo de gobierno de la universidad, que a esa hora estaban participando en un consejo de gobierno que se suspendió durante unos minutos para que quienes tuvieran interés pudieran unirse a la concentración.

A pesar de que la asistencia no fue multitudinaria, resultó satisfactoria teniendo en cuenta que se trataba del primer acto público que se organizó en la Universidad de Oviedo a raíz de la masacre en Gaza.

Figura 1. Cartel del programa de la jornada del 10 de abril de 2024.

Figura 2. Diferentes momentos de la concentración de repulsa
al genocidio en Gaza.

Presentación de RUxP y UOxP

A continuación, se dio paso al acto de presentación de RUxP y
UOxP, que se celebró en el Aula Magna del Edificio Histórico, al
igual que el resto de la jornada. Consistió en una mesa participada
por las profesoras Sandra Dema Moreno y Beatriz González Fernández (en representación del personal docente e investigador), así
como por Esmeralda Rodríguez Meireles y Luis Santos Cortina (en

representación del personal técnico, de gestión y de administración y servicios y del alumnado, respectivamente). La figura 3 muestra una imagen de la mesa.

Figura 3. Presentación de RUxP y UOxP.

En primer lugar, habló Sandra Dema Moreno como integrante tanto de la RUxP como de la UOxP. En su intervención hizo referencia a la dimensión educativa de la ofensiva israelí aportando los datos oficiales de la Oficina de las Naciones Unidas para la Coordinación de Asuntos Humanitarios, que indicaban que en ese momento 625.000 estudiantes carecían de acceso a educación, incluyendo 88.000 de nivel universitario; más de 6.000 estudiantes y más de 260 docentes habían sido víctimas de asesinato; casi 8.000 estudiantes y 800 docentes habían sufrido heridas; todas las universidades de Gaza estaban destruidas o gravemente dañadas, al igual que más del 80% de los centros escolares, incluidas las escuelas de la UNRWA. Ante la descripción del horror cometido contra el pueblo palestino urgió a la comunidad universitaria a emprender acciones y a organizarse y dio lectura a las demandas de la RUxP.

A continuación, Beatriz González Fernández informó del carácter novedoso de la UOxP, constituida tan solo ocho días antes y formada por personal trabajador y estudiantes de la Universidad de Oviedo. Explicó que dicha organización surgió debido a la pasividad de las autoridades académicas ante la masacre de la población gazatí y también por la colaboración formal con Israel de algunas universidades. Su intervención finalizó anunciando que se estaban organizando una serie de actividades y volviendo a manifestar que la UOxP estaba abierta al conjunto de la comunidad universitaria.

En tercer lugar, intervino Luis Santos Cortina, quien comenzó haciendo un llamamiento especial a la participación del estudiantado. En este sentido, valoró el potencial de las redes sociales y su uso entre las generaciones más jóvenes, que posibilita el acceso en tiempo real al conocimiento de la barbarie en Gaza. También hizo referencia al enorme aparato propagandístico israelí, que contribuye a la deshumanización del pueblo palestino y al hecho de que entre una parte de la población se pueda extender la idea de que las vidas gazatíes no tienen el mismo valor que las occidentales. Por ello, mostró su oposición a la neutralidad y a la pasividad ante el exterminio del pueblo palestino y animó al público presente a pasar a la acción. Terminó su intervención denunciando la participación de la Universidad de Oviedo en el proyecto del Fondo Europeo de Defensa TICHE (al que se hace referencia más adelante), por contravenir los estatutos de esta universidad, que prohíben su participación «en líneas de investigación con fines bélicos».

En cuarto y último lugar, tomó la palabra Esmeralda Rodríguez Meireles, quien comenzó señalando que uno de los fines de la universidad es construir una ciudadanía crítica y participativa, tras lo que volvió a hacer referencia a la destrucción del sistema educativo gazatí en general y universitario en particular, resaltando además que se trata de un territorio con una de las mayores cifras de estudiantado universitario de su entorno. Partiendo de la base de que el palestino es un pueblo que está siendo arrasado y del que se busca borrar su historia, apeló a la conciencia colectiva de la comunidad universitaria. Animó a todo el mundo a señalar y denunciar comportamientos como el que tan solo unas horas antes había manifestado el decano de la Facultad de Derecho de la Universidad de Sevilla, quien había decidido censurar la retransmisión de la conferencia de Albanese. También criticó la neutralidad ante el genocidio en Gaza y puso en valor el papel de Sudáfrica tras haber denunciado al Estado de Israel ante la Corte Internacional de Justicia. Finalizó su intervención reprochando el desproporcionado desequilibrio entre las respuestas de la comunidad internacional ante el asesinato de decenas de miles de gazatíes, por una parte, y de occidentales, por otra, como sucedió con la repulsa al asesinato de los siete cooperantes de la ONG World Central Kitchen, acaecido días antes del acto.

Después de unos instantes de aplausos, se pudo escuchar un grito espontáneo de «¡Viva Palestina libre!», tras el que se dio paso a la participación del público, cuyas intervenciones resaltaron la importancia de la acción conjunta en la lucha contra el genocidio en Gaza y el llamativo contraste entre las acciones llevadas a cabo por la Universidad de Oviedo desde el primer momento de la invasión de Ucrania y la tibia respuesta ante la de Gaza.

Alternativas antibelicistas
desde la universidad

Tras la conferencia de Albanese se celebró una mesa redonda integrada por Sandra Dema Moreno, Kholoud Elbatsh y Francisco Erice Sebares (figura 4).

La primera intervención de la mesa corrió a cargo de Kholoud Elbatsh, profesora de informática en la Universidad de Al-Azhar de Gaza, que esbozó brevemente cuál es la situación del sistema educativo en ese territorio. Kholoud y su familia tuvieron que salir de Gaza con la evacuación española y ahora viven en Asturias. Constató lo que ya intuíamos por las informaciones de prensa. Se está viviendo una situación extremadamente complicada, con todas las universidades de Gaza destruidas hasta los cimientos y mucho profesorado y estudiantado asesinado. La población infantil tampoco puede asistir a sus clases y la vida cotidiana es muy penosa, sin apenas comida ni agua y con mucho miedo. Su relato fue muy breve, pues la emoción le impidió seguir hablando, y finalizó con un gran aplauso del público presente en la sala.

Figura 4. Izquierda: integrantes de la mesa redonda;
derecha: público asistente.

En la segunda parte de la mesa, Sandra Dema Moreno, profesora titular del Departamento de Sociología de la Universidad de Oviedo, realizó una exposición sobre el proyecto Threats Identification by Collaborative vehicles for Human Lifesaving against Explosives (TICHE) financiado por el Fondo Europeo de Defensa (CEDE, por sus siglas en inglés) y en el que colabora la Universidad de Oviedo. Con este fondo se financia, por primera vez en la historia de la Unión Europea, investigación estrictamente militar. Como señala el Centro Delàs de Estudios por la Paz, ello responde a una estrategia económica de la Unión Europea para activar su industria a partir de la investigación militar y en su origen se encuentra un grupo de trabajo compuesto sobre todo por representantes de la industria militar europea (Fortuny y Bohigas, 2019).

Tal como se recoge en el Reglamento (UE) 2021/697 del Parlamento Europeo y del Consejo de 29 de abril de 2021 (Unión Europea, 2021) y en la decisión de la Comisión Europea de 7 de junio de 2023 sobre la financiación del Fondo Europeo de Defensa y la adopción del programa anual de trabajo 2023 (Comisión Europea, 2023), todas las actividades financiables van dirigidas a investigar y generar tecnología con finalidad militar. Específicamente, se fomenta el apoyo de proyectos de capacidades de defensa de alta gama, por ejemplo, la próxima generación de aviones de combate, tanques y buques, así como el combate naval, terrestre y aéreo, la alerta temprana basada en el espacio y la cibernética.

La dotación del EDF para el periodo 2021-2027 es de 8.000 millones de euros: 2.700 millones para proyectos de investigación —el 100% a cargo de la Unión Europea— y 5.300 millones para proyectos de desarrollo de productos y tecnología militar —el 20% a cargo de la Unión Europea y el 80% a cargo de los Estados miembros—. Además, estos se comprometen a adquirir los productos que se desarrollen, lo que supone invertir sumas considerables para ese fin [Reglamento (UE) 2021/697 del Parlamento Europeo y del Consejo de 29 de abril de 2021 y Fortuny y Bohigas, 2019].

En el proyecto TICHE participa un consorcio de doce empresas e instituciones de Italia, Chipre, Grecia, Alemania y España. En mayo de 2023, una de las compañías del consorcio, la griega Intracom Defense AE, fue adquirida por Israel Aerospace Industries (Egozi, 2023), una empresa pública de armamento israelí fundada en 1953. En la lista de las cien mayores compañías del mundo productoras de armas y servicios militares recogida por el Instituto Internacional de Estudios para la Paz de Estocolmo (SIPRI por sus siglas en inglés), Israel Aerospace Industries ocupa el puesto treinta y cinco, con unos ingresos que ascendieron a casi 5.000 millones de euros en 2023 (Israel Aerospace Industries, 2024; Liang *et al.*, 2023). Esta empresa es el segundo mayor fabricante aeroespacial y de material de defensa israelí y el mayor exportador de Israel en este sector. Este país es el décimo mayor exportador de armas del mundo, un sector que genera el 18% del PIB nacional y sin el que se estima que Israel sería inviable económicamente (Fortuny y Bohigas, 2023).

Además del proyecto TICHE, la empresa Intracom Defense AE participa en otros tres proyectos del Fondo Europeo de Defensa en los que colaboran entidades españolas (FASSET, ODIN'S EYE II y CASSATA, en el que interviene otra universidad pública, la Universidad de Alcalá) y lidera asimismo el proyecto PROTEAS, del que no forma parte ninguna entidad española. Con la compra de esta empresa griega, Israel Aerospace Industries se beneficiará de forma fraudulenta de ocho millones de euros destinados a investigar o desarrollar equipos o armamento militares, puesto que lo hace saltándose la normativa del Fondo Europeo de Defensa, que exige que solo puedan optar a financiación las entidades establecidas en la Unión Europea o en países asociados y no controladas por terceros países ni por entidades jurídicas de terceros países (artículo 9.1 del Reglamento).

En definitiva, hay al menos tres razones que apuntan a la finalidad bélica del proyecto TICHE. En primer lugar, está el hecho de que se financie a través del Fondo Europeo de Defensa, que se dirige precisamente a sufragar investigaciones en este ámbito. En segundo lugar, en los propios objetivos del proyecto se plantea su uso en apoyo a las operaciones militares. No obstante, tal vez lo más relevante sea el hecho de que la tecnología que se desarrolle a través de dicho proyecto estará en manos de las empresas fabricantes de armas: Intracom Defense AE e Israel Aerospace Industries. Recordemos que esta última tiene carácter público y depende, por tanto, del Estado de Israel y que dicho Estado está siendo investigado por la Corte Internacional de Justicia ante la denuncia de genocidio presentada por Sudáfrica el 11 de enero de 2024 (Corte Internacional de Justicia, 2024). En consecuencia, la colaboración en un proyecto militar con una empresa controlada por Israel, al margen de su objetivo concreto, sitúa a la Universidad de Oviedo en una posición muy delicada ante la posibilidad de estar contraviniendo los derechos humanos y los estatutos de la institución, en concreto, el artículo 131.5 (138.6 en la versión aprobada el 11 de marzo de 2024, pendiente de publicación), que, como ya se ha mencionado, plantea que: «La Universidad no financiará ni participará en líneas de investigación relacionadas con fines bélicos». Exigimos que la Universidad de Oviedo cumpla con sus estatutos, trabaje en favor de la paz y los derechos humanos y no investigue en proyectos militares ni con un Estado genocida que practica el *apartheid*.

En la tercera y última intervención, Francisco Erice Sebares, catedrático de Historia Contemporánea en la Universidad de Oviedo, expuso algunos argumentos que se pueden esgrimir —más allá de lo que recojan los estatutos de cada universidad— para rechazar la colaboración de las universidades con el Estado de Israel.

Comenzó su exposición planteando que quizá la pregunta adecuada es la inversa: ¿podemos colaborar con el horror y la barbarie? Quienes trabajamos o estudiamos en la universidad somos personas que, ante la evidencia del horror cotidiano, compartimos razones con el resto de la ciudadanía para sumarnos a la solidaridad con Palestina. Para ilustrar las dimensiones de lo que estamos viviendo recordó que, en la guerra civil española, con una población de veinticinco millones de habitantes en el país, se contabilizaron unas quinientas mil muertes sumando las producidas en combate y en la retaguardia a las causadas por la represión inmediata, lo que representó el 2% de la población. El 2% de la población de Gaza son cuarenta mil habitantes, es decir que, en el transcurso de seis meses, estamos asistiendo a un genocidio de una dimensión comparable al de una sangrienta contienda de tres años y que, por la virulencia de los bombardeos, se asemeja a decenas y decenas de Guernicas.

Desde el punto de vista de la universidad, además de lo que podemos hacer como ciudadanía, hay al menos tres dimensiones en las que nuestra aportación puede ser importante. La primera es contribuir a la información veraz y al pensamiento crítico ayudando a comprender las raíces y manifestaciones del problema y poniendo de manifiesto los mitos y falsedades difundidos por el sionismo —por ejemplo, el mito de la patria histórica ancestral: ningún pueblo tiene una patria histórica por la que han pasado otros muchos que le pertenezca por herencia—. También debemos desvelar la mayor de las falsedades e imposturas que nos están vendiendo al catalogarnos como antisemitas a quienes nos oponemos al horror del sionismo.

La segunda dimensión es rechazar la investigación con fines bélicos, entendiendo esta en un sentido muy amplio, pues los recursos bélicos no solo consisten en misiles y bombas, sino que abarcan toda la intendencia de los ejércitos, por ejemplo, los servicios informáticos que aumentan la efectividad de los puestos de control que convierten la vida de la población palestina en una verdadera pesadilla. En general, todo lo que suponga incentivar la acción militar de las mal llamadas Fuerzas de Defensa Israelíes es colaborar con el genocidio.

Como tercer ámbito de acción mencionó el boicot académico contra las instituciones que colaboran en el genocidio, un tema controvertido porque algunos antisionistas reconocidos opinan que no debería llevarse a cabo. Citó como ejemplo a Chomsky, quien argumenta que, si se boicotea a las universidades israelíes, por qué no se actúa de igual forma con, por ejemplo, la Universidad de Harvard, que forma parte de un país con muchas intervenciones imperialistas a lo largo de su historia. Erice sostuvo que denunciar el imperialismo norteamericano no es incompatible con promover, desde el punto de vista práctico y necesario, un boicot académico que, aunque no tenga la importancia y las repercusiones del boicot económico, sí reviste un notable valor simbólico, pues, en las circunstancias actuales, el hecho de no colaborar con instituciones universitarias israelíes es una forma de no normalizar las relaciones con un país que practica sistemáticamente el terrorismo, la violencia y el *apartheid*. Insistió en que el boicot se refiere a instituciones, no a personas, y puso como ejemplo lo interesante que sería tener en la mesa a alguien como Ilan Pappé, que en otro tiempo formó parte de las instituciones israelíes. Recordó, como precedente, la importancia de la acción internacional en la caída del régimen del *apartheid* sudafricano.

Concluyó señalando que la pluralidad de puntos de vista sobre una futura solución —por ejemplo, si debe constituirse un solo Estado democrático o dos— no debe ocultar la prioridad de la lucha por el cese de la violencia genocida, lo que, obviamente, incluye la anterior al 7 de octubre y no solo significa imponer la tregua definitiva, sino crear las condiciones para que no vuelva a producirse una situación similar, exigir responsabilidades penales a los culpables y reconocer los derechos nacionales del pueblo palestino. Tras estas intervenciones se dio paso a la participación del público y con ella finalizó el acto.

Bibliografía

Comisión Europea (2023). «Decisión de Ejecución de la Comisión de 7 de junio de 2022 sobre la financiación del Fondo Europeo de Defensa establecido por el Reglamento (UE) n.º 2021/697 del Parlamento Europeo y del Consejo, y la adopción del programa de trabajo para 2023». Disponible en línea: https://defence-industry-space.ec.europa.eu/document/download/oc80e035-7d84-4aad-bdf9-7c297772caa6_en?filename=EDF%20Work%20Programme%20Part%20I.pdf (en inglés).

Corte Internacional de Justicia (2024). Disponible en línea: https://www.icj-cij.org/sites/default/files/case-related/192/192-20240126-ord-01-00-en.pdf (en inglés).

Egozi, A. (2023). «Israel Aerospace Industries acquires Greek company Intracom Defense». Defence Industry Europe. Disponible en línea: https://defence-industry.eu/israel-aerospace-industries-acquires-greek-company-intracom-defense/.

FORTUNY, T. DE y BOHIGAS, J. (2019). «El Fondo Europeo de Defensa, o cómo favorecer a la industria militar». Centro Delàs de Estudios por la Paz. Disponible en línea: https://centredelas.org/actualitat/el-fondo-europeo-de-defensa-o-como-favorecer-a-la-industria-militar/.

FORTUNY, T. DE y BOHIGAS, J. (2023). «Israel: Un país militarizado con la ayuda de EEUU y la UE». Centro Delàs de Estudios por la Paz. Disponible en línea : https://centredelas.org/actualitat/israel-un-pais-mi litarizado-con-la-ayuda-de-eeuu-y-la-ue/?lang=es.

ISRAEL AEROSPACE INDUSTRIES. (2024). «IAI Publishes its Annual Financial Statements for 2023». Disponible en línea: https://www.iai.co.il/news-media/press-releases/iai-publishes-its-annual-financial-statements-2023.

LIANG, X., SCARAZZATO, L., BÉRAUD-SUDREAU, L., TIAN, N., LOPES DA SILVA, D., CHOI, Y., & KRISTJAN SILD, E. (2023). «The SIPRI Top 100 Arms producing and Military Services Companies, 2022». Disponible en línea: https://www.sipri.org/sites/default/files/2023-11/fs_2312_top_100_2022.pdf.

UNIÓN EUROPEA (2021). Reglamento (UE) 2021/697 del Parlamento Europeo y del Consejo de 29 de abril de 2021 por el que se establece el Fondo Europeo de Defensa y por el que se deroga el Reglamento (UE) 2018/1092 (2021). Disponible en línea en: https://www.boe.es/buscar/doc.php?id=DOUE-L-2021-80616.

Desplazar los límites en la universidad

EHU Palestina

Introducción

Queremos aprovechar este espacio para plasmar algunas reflexiones que han ido y siguen desarrollándose en el grupo EHU Palestina y que, el 10 de abril de 2024, nos llevaron a optar por organizar una movilización en lugar de una mesa redonda o una asamblea. Recogeremos y trataremos de ordenar algunos apuntes que han surgido en diferentes conversaciones, reuniones y asambleas, que pueden servir como un diagnóstico preliminar de las inercias, discursos y mecanismos de neutralización con los que se ha estado lidiando en el contexto particular del nodo del campus de Leioa (Bizkaia) de la Universidad del País Vasco (UPV/EHU). Así, se recogen algunos apuntes relativos tanto al contexto previo de la conferencia como a sus efectos, con la aprobación de un manifiesto por parte del Consejo de Gobierno de la UPV/EHU que desde la red consideramos una mera declaración de intenciones sin compromisos reales, tal y como se ha demostrado desde entonces.

Como un nodo más dentro de la RUxP, pero también con su consistencia y dinámicas internas en algunas facultades de la UPV/EHU, el grupo se formó en el campus de Leioa. Se trata de un grupo de carácter asambleario, formado por personal trabajador y estudiantes de la universidad, que nació con la vocación inicial de trabajar en la Facultad de Ciencias Sociales y de la Comunicación y que fue extendiendo su labor a todo el campus. Después de la conferencia, se constituyó otro nodo en el campus de Ibaeta en Donostia.

Movilización en el campus de Leioa.

Contexto

Nuestro nodo comenzó a organizarse a mediados de febrero, impulsado inicialmente por un grupo de docentes de la Facultad de Ciencias Sociales y de la Comunicación. Antes de la conferencia, además de reuniones semanales, se organizaron una mesa redonda sin mesa en la puerta del edificio de la facultad y una asamblea abierta en las escalinatas.

En la mesa redonda, que se celebró el 26 de febrero bajo el título «¿Qué podemos hacer ante el genocidio en Palestina?», optamos por huir, tanto en la forma como en los contenidos, de una mesa redonda de carácter académico con la intención de provocar una dinámica de lucha que pudiera tener incidencia. Intervinieron dos miembros de la plataforma Palestinarekiko Erantzunkizuna (Responsabilidad hacia Palestina), que presentaron la campaña de mociones que estaban llevando a cabo en los ayuntamientos. En segundo lugar, habló un miembro de la campaña de boicot, desinversión y sanciones a Israel de Bizkaia que explicó en qué consistía, sus vínculos con la campaña que terminó con el *apartheid* en Sudáfrica y la necesidad de trasladarla también a la universidad. En tercer lugar, intervino una investigadora experta en la situación de Palestina para contar la desgarradora situación que ya se estaba viviendo en Gaza. La mesa se desarrolló en la entrada de la facultad, con un equipo de sonido que permitió escucharla a un volumen decente. Así, intentamos huir del confort asociado a los espacios y ceremoniales de las mesas redondas de universidad para generar otro tipo de dinámica. El alumnado y el personal trabajador que entraban y salían de la facultad hacían un seguimiento intermitente de la mesa sin mesa, no había forma de no escuchar, al menos parcialmente, lo que allí se mencionaba. Esa actividad animó al profesorado a plantear las primeras mociones en sus departamentos siguiendo el modelo de otros textos presentados en otras universidades del Estado español.

Con la misma intención de generar dinámicas distintas a las habituales en la universidad celebramos también, bajo el lema «Pongámonos en marcha contra el genocidio en Palestina», la primera asamblea abierta en la escalinata de la facultad el 21 de marzo. En ella se establecía ya una continuidad con la mesa anterior y se invitaba, de forma explícita, a todo el profesorado, alumnado, personal técnico, de gestión y de administración y servicios y demás personal trabajador. Bajo la mirada de colegas de estudios y trabajo que entraban y salían de las aulas, esa asamblea nos permitió ampliar el perfil del grupo, formado inicialmente sobre todo por profesorado, con la participación de estudiantes y personal de investigación, administración y servicios, así como de otras facultades del campus.

A partir de esa asamblea se establecieron también dos comisiones (una de comunicación y otra de boicot) y una agenda: intentar que el Consejo de Gobierno de la UPV/EHU que iba a reunirse el 24 de abril estableciera un compromiso claro, firme y eficaz para romper relaciones con Israel y las entidades y empresas que estaban colaborando con el genocidio y el *apartheid*.

Acto del 10 de abril de 2024 en el campus de Gasteiz.

Dentro de esa agenda, la conferencia de Francesca Albanese debía servir para reunir argumentos y acumular fuerzas. A la vista de que las dos actividades públicas anteriores nos situaron en un lugar interesante para interpelar a amplios sectores de la universidad, optamos por organizar una movilización frente al edificio del Rectorado. La intención era, de nuevo, huir de algunas de las trampas que el propio funcionamiento de la institución académica impone a toda forma de movilización política en la universidad y que trataremos de explicar en estas páginas. La conferencia del 10 de abril y la movilización que la acompañó debían ser un peldaño clave que nos permitiera incidir en el Consejo de Gobierno de la universidad que, como ya hemos dicho, iba a reunirse dos semanas después, el 24 de abril. La conferencia se organizó en el aula con mayor aforo de la facultad, aunque pronto tuvimos que abrir el aula adyacente debido al éxito de la convocatoria. La conferencia y la posterior movilización hicieron posible seguir ampliando la base del grupo y adquirir cierta visibilidad en el campus, lo que permitió que la moción que había estado presentándose en los diferentes departamentos estuviera encima de la mesa el día que se reunía el Consejo de Gobierno de la universidad.

LÍMITES

Como puesta en movimiento de ideas, tensiones y cuerpos, hemos convertido esta explicación en torno a la movilización en una reflexión más amplia, aún tentativa y desordenada, de cuestiones sobre las que hemos conversado en torno a los límites del funcionamiento de la universidad. Como grupo, podría decirse que gran parte del trabajo realizado ha consistido en trazar líneas que desborden una serie de límites que se nos han hecho visibles y evidentes en el momento en que hemos tratado de sobrepasarlos y que esbozamos a continuación. Creemos que, si bien parten de un contexto y una experiencia vinculados a la coyuntura particular de nuestra universidad, también apuntan al modo estructural en que se organizan las universidades en general. Estos límites tienen que ver con funcionamientos, discursos e inercias que actúan de manera neutralizante, refractaria y, a veces, reaccionaria con respecto a los cambios e iniciativas propuestas.

La división estamental

Quienes acudimos a la universidad lo hacemos con diferentes cometidos y funciones, lo que hace que tengamos derechos y deberes razonablemente diferentes, pero lo que también se refuerza con el carácter jerárquico de la universidad. El personal técnico, de gestión y de administración y servicios o el estudiantado no gozan de la misma libertad que el profesorado a la hora hacer uso de las infraestructuras universitarias y los modos de hacer y estar de unos y otros en las aulas, los pasillos y los despachos son notoriamente distintos, lo que genera expectativas diferenciales y una serie de inercias que condicionan las posibilidades de trabajo en común. Romper con esas inercias ha conllevado salir de los espacios más académicos, donde los roles están claramente distribuidos, y, a cambio, ha permitido que el grupo adquiera una mayor transversalidad.

El estudiantado es el grupo social mayoritario de la universidad, el que socialmente es más heterogéneo y, en consecuencia, más sensible a demandas como la que nos ocupaba. Sin embargo, a menudo queda fuera de los juegos de representación institucional de la universidad, que tiende a regirse por las dinámicas de departamentos, facultades y órganos de gestión en que se mueve el profesorado o, en el mejor de los casos, por las dinámicas sindicales organizadas también en torno al personal trabajador. Así, el alumnado aparece a menudo como una masa transitoria de personas que la universidad trata de gobernar, a las que se les presupone un consentimiento o, como mucho, se les pide adhesión a dinámicas diseñadas desde los órganos de gestión y el profesorado. Mientras tanto, el profesorado con frecuencia entiende su compromiso político con la universidad como una cuestión de ideas, un juego retórico en el que resulta suficiente posicionarse respecto a algunos asuntos o generar algún debate en sus clases. Entre los sectores movilizados en el alumnado y el profesorado, la relación a menudo se limita a la petición de apoyos

en momentos puntuales. Aunque está claro que la separación estamental y las relaciones de poder que se derivan de ella no pueden
disolverse en una asamblea, trabajar en un grupo que incluya a estudiantes, docentes y otro personal trabajador ha permitido trazar
líneas transversales de alianza que construyan otras posiciones desde
las que mirar la universidad y actuar sobre ella.

Acto del 10 de abril en el campus de Leioa.

El respeto por las formas

La celebración de la mesa sin mesa tuvo lugar dos días después
—el día 27 de febrero— de que en el recién formado claustro de la
EHU/UPV se impidiera someter a votación una moción de apoyo
a Palestina que exigía romper relaciones con empresas e instituciones israelíes. No pudo votarse a pesar del criterio favorable de la mayoría del claustro porque —se argumentó— no cumplía con «crite-
rios de forma».

«Las formas» se han empleado a mendo como parapeto para
postergar, evitar o anular los debates incómodos y, sobre todo, las
acciones concretas. Por poner otro ejemplo, en nuestra campaña de

mociones departamentales, los principales argumentos en contra de que los textos fueran siquiera discutidos y votados eran que planteaban cuestiones que no le competían al departamento. «Las formas» también deben guardarse cuando hablan las autoridades, tal y como se le instó a un estudiante que protestó cuando la rectora tomó la palabra para calificar el genocidio de Gaza de «guerra» o de «catástrofe».[1]

Lo crítico en la universidad

El pensamiento crítico de la universidad es, sin duda, el elemento que debería hacerle alzar la voz ante situaciones como la de Palestina. La cuestión es, sin embargo, desde dónde y hacia dónde se dirige la crítica, sobre todo cuando esta se desarrolla de acuerdo con las formas y los cauces definidos previamente.

El 25 de marzo, Ehugune, entidad dependiente del Vicerrectorado de Desarrollo Científico-Social y Transferencia y orientada a crear un punto de encuentro entre universidad y sociedad, convocó la mesa redonda «Gaza: la universidad y la crisis humanitaria». Una de las ponentes, motivada por un interés pragmático en que prosperara una demanda contra Israel, insistió en definir la situación de Gaza, en términos jurídicos, como un «crimen contra la humanidad», debido a las dificultades que comportaba demostrar que era

---

1 En la apertura del acto, realizada por la rectora, se generó una discusión con un alumno, sobre todo en torno a la puesta en marcha de una cátedra de Ciberseguridad que contemplaba la colaboración con la Universidad de Tel Aviv, un extremo negado por el equipo rectoral. Esta cuestión se resolvió días más tarde cuando el Departamento de Arquitectura y Tecnología de Computadores, al que estaba adscrito el proyecto, decidió comprometerse a no contar con los servicios de ninguna persona vinculada esa universidad, como se explica en este enlace: https://www.elsaltodiario.com/israel/upv-paraliza-catedra-ciberseguridad-evitar-colaboracion-israel.

un genocidio —una cuestión que Albanese despachó rápida y rotundamente en su intervención—. En los momentos en que se escriben estas líneas, la crudeza de las imágenes que nos llegan y el duro trabajo político activista a nivel global han hecho que el término «genocidio» se acepte de manera generalizada y comience a desplegar sus efectos políticos y jurídicos. Esto deja claros los límites de la crítica, dado que, precisamente al producirse dentro del marco académico, ha de lidiar con los límites de lo posible, en lugar de poder cuestionarlos (Garcés, 2024). En ese momento, la supuesta capacidad crítica de la universidad tenía dificultad para articular lo que a nivel político era una urgencia: que se hablara abiertamente de genocidio para que la palabra pudiera comenzar a desplegar sus efectos.

También resultan extraños en el momento en que se escriben estas líneas los argumentos contrarios a romper relaciones con las universidades israelíes como una forma de impedir la crítica. La universidad —se nos decía— no puede excluir colaborar o dialogar con otras universidades cuando precisamente la universidad se construye sobre una gran exclusión: estas redes de colaboración se cimentan en dinámicas geopolíticas y económicas coloniales, que establecen las condiciones de posibilidad de la construcción, desarrollo y reconocimiento de las diferentes universidades. Mientras las universidades israelíes reciben un trato de favor y fondos públicos de la Comisión Europea (Elurduy, 2024), las universidades palestinas están destruyéndose de manera sistemática. De nuevo, la cuestión de la crítica es hacia dónde y desde dónde se dirige. La universidad es un lugar en el que supuestamente se promueve la capacidad crítica, pero más bien podríamos decir que se pule, se trabaja, se le da forma. Sería justo someter a la propia universidad —a sus formas de hacer y de actuar— a la crítica de las herramientas que ha desarrollado. Quizá de esa manera podamos explorar en qué medida el discurso oficial sobre el pensamiento crítico y su importancia se refiere a una maniobra de carácter intelectual que encuentra sus límites en la posibilidad misma de transformar las reglas del juego.

Asimilación simbólica

La mesa redonda «Gaza: la universidad y la crisis humanitaria» a la que hacíamos referencia y que inauguró la rectora, se desarrolló con la liturgia y solemnidad de un acto académico. Contó con la participación de la delegada de la UNRWA en Euskadi, así como de profesoras de sociología y derecho y, finalmente, de un académico palestino. Desde el grupo la leímos como un intento de neutralizar las noticias que habían circulado en torno a la creación de la cátedra de Ciberseguridad y de otras formas de movilización que la institución no pudiera vehicular o desactivar. Poco importó que, tanto desde el público como desde parte de la mesa, se instara al Rectorado a comprometerse. La imagen que trascendió, por el contrario, fue la de una universidad comprometida con los derechos humanos.

Después de la conferencia de Albanese y de que una decena de departamentos y una junta de facultad aprobaran las mociones, el 24 de abril, el Consejo de Gobierno de la UPV/EHU aprobó por unanimidad un *Manifiesto (sic) de apoyo a Palestina ante la catástrofe humanitaria en Gaza.*[2] La moción que presentamos desde el grupo fue leída, pero tampoco en esta ocasión pudo someterse a votación. En la declaración —muy similar a la que después sería aprobada por la CRUE—,[3] la cuestión que más se destacó es que se romperían rela-

---

2 Puede consultarse en https://www.ehu.eus/es/-/manifiesto-apoyo-palestina.

3 El comunicado puede leerse en: https://www.crue.org/2024/05/comunicado-de-crue-sobre-la-situacion-en-la-franja-de-gaza/. Coincidimos con la valoración realizada por varios miembros de la RUxP —disponible en https://www.elsaltodiario.

ciones con las universidades israelíes que «expresamente no respeten los derechos humanos, el derecho internacional, o las resoluciones de las Naciones Unidas en torno a la situación en Palestina», un compromiso que —por ahora— no nos consta que haya supuesto poner en riesgo ningún contrato con ninguna entidad.[4] También intentó presentarse como un paso en firme para reconocer el Estado palestino y el concepto de genocidio, que se mencionó en dos ocasiones y en referencia a las palabras de otros —de la propia Albanese y de la Corte Internacional de Justicia de las Naciones Unidas—. Asistimos, por tanto, a una declaración que se planteó —en palabras posteriores de la propia rectora— como vanguardista y ejemplar, pero que, en realidad, se apoyaba en cuestiones que ya estaban ampliamente asimiladas y superadas en el debate público.

En ambos casos nos encontramos ante afirmaciones simbólicas, lo más conservadoras posibles, que tratan de minimizar el alcance de las decisiones y compromisos que pudieran haberse tomado. Por eso, en la moción que propusimos desde EHU Palestina pedíamos la creación de una comisión abierta, transparente y eficaz que permitiera establecer fórmulas de ruptura con entidades israelíes, pero también con empresas como CAF, que está construyendo un tranvía ilegal para conectar los asentamientos ilegales de Cisjordania con Jerusalén, o como HP y AXA, que están incluidas en el listado elaborado por la campaña de boicot, desinversión y sanciones a Israel.

---

com/tribuna/no-es-suficiente-crue-genocidio—, que apunta en direcciones similares a la lectura que se hizo en nuestro grupo.

4 Aunque no contamos con información de primera mano de los acuerdos de la UPV/EHU con centros israelíes que se verían afectados por el «manifiesto», es posible que sean pocos, ya que por ahora solo nos consta uno «en el marco de una red global de intercambio de ingenieros» (información que aparece en https://www. eldiario.es/sociedad/docena-universidades-espanolas-relaciones-centros-israelies-apoyan-invasion-gaza_1_11362904.html).

Pero, por supuesto, la creación de la comisión ni era posible ni estaba a debate en el Consejo de Gobierno. Un modo de actuar profundamente conservador y autoprotector por parte de la universidad cuyo propósito es neutralizar la creación de dinámicas colectivas que establezcan un mayor control sobre sus decisiones, no solo con respecto a Israel o Palestina, sino también a sus políticas de contratación, las tasas de matriculación, la externalización y privatización de sus servicios o sus formas de gestionar los conflictos en los campus, entre otros aspectos.

Conclusiones

Partiendo de nuestra propia práctica como grupo, en este breve escrito hemos esbozado algunos de los límites que el actual contexto institucional de la universidad nos ha impuesto, deseando que conocerlos nos sirva de guía para construir la universidad que necesitamos. Trazar líneas que desborden esos límites ha sido una las principales prácticas que hemos ido aprendiendo en estos meses. Nos referimos a líneas transversales de alianza frente a la distribución estamental de la universidad, a líneas de apertura que construyan nuevas formas frente a las formas disciplinantes, a líneas de crítica hacia la propia universidad y a líneas de desbordamiento que escapen a los intentos de asimilación y desmovilización. Junto con la labor coordinada con otras universidades, las acampadas organizadas por estudiantes y las movilizaciones de carácter local e internacional, trazar estas líneas ha hecho que muchos de los límites que se nos presentaron como inamovibles se hayan ido desplazando, lo que ha permitido generar otros espacios que se siguen construyendo colectivamente.

Bibliografía

ELURDUY, Pablo. «La UE ha dado 126 millones de sus fondos de investigación a la industria israelí después del 7 de octubre», *El Salto*, 4 de junio de 2024. Disponible en línea en: https://www.elsaltodiario.com/genocidio/union-europea-126-millones-investigacion-israel-despues-del-7-octubre.

GARCÉS, Marina. (2024). *En las prisiones de lo posible*. Bellaterra: Edicions Bellaterra.

El genocidio en Gaza, epistemicidio y manipulación de masas

SABAH NASSAR

Universidad de Palestina

RAFAEL XAMBÓ OLMOS

Universitat de València

NADIA YAHLALI

Universitat de València

En la mesa redonda posterior a la conferencia de Francesca Albanese, intervino la doctora Sabah Nassar, exdecana de la Universidad de Palestina en Gaza y doctora en Ciencias de la Educación por la Universitat de València, para explicar su testimonio sobre lo que les tocó vivir a ella y a su familia durante sus últimas semanas en Gaza en octubre y noviembre de 2023 antes de volver a Valencia. Seguidamente, intervino el profesor Rafael Xambó Olmos, profesor titular del Departamento de Sociología y Antropología Social de la Universitat de Valencia, con una comunicación sobre las acciones llevadas a cabo en su departamento después de la agresión israelí a Gaza.

TESTIMONIO DE LA DOCTORA SABAH NASSAR

El domingo 8 de octubre a las 00:49 horas en la ciudad de Beit Hanun, mientras estaba asustada por los gritos de mujeres y niños en la calle, que no entendía, nos llegó un mensaje a mi marido y a mí en el móvil del ejército terrorista israelí, exigiendo a todos los habitantes de mi ciudad evacuar nuestra ciudad y dejar nuestras casas, propiedades, vidas y recuerdos, y migrar inmediatamente, sin tiempo ni medios para conseguir algo de comida o ropa para nuestros hijos. Fue una escena de terror ver a todo el mundo en la calle viendo cosas horribles y preguntándonos: ¿a dónde vamos? Pregunta que nadie sabía contestar, ni siquiera nosotros mismos.

Minutos después, apareció mi hija, casada, llorando con su hijo de un año en brazos, sin saber tampoco a dónde ir, ni qué hacer, por lo que decidimos esperar dos horas hasta la madrugada para ver qué ocurría y qué podíamos hacer. La sed de sangre del Estado genocida no esperó hasta las dos horas y empezó su genocidio contra mi bonita ciudad de Beit Hanun y toda Gaza, bombardeando una vivienda con sus habitantes dentro y asesinando a veinte personas, una familia completa, desde el abuelo hasta el nieto, que fue borrada del registro civil.

Siguiendo con los ataques, haciendo masacres por todas partes, las familias, con miedo y en el intento de sobrevivir, dejaron sus casas y migraron con sus hijos bajo las bombas, caminando seis kilómetros con los pequeños, con miedo y llorando, viendo cosas que nunca deberían haber visto en sus vidas.

Ese mismo día, por la mañana, llegamos a Jabalia, sin descanso, perdidos y dolidos. Las familias no encontraron refugio más que en las escuelas de la UNRWA y la ONU, las cuales se desbordaron en cuestión de horas; estamos hablando de que solo de Beit Hanun salieron casi setenta mil habitantes hacia Jabalia. Nosotros fuimos a casa de una familia conocida al lado de la escuela para intentar descansar un poco y decidir qué hacer.

El lunes 9 de octubre por la mañana, el ejército sionista atacó el mercado de Jabalia, uno de los mercados más concurridos de toda Gaza, y justo al lado de esas mismas escuelas donde la gente buscaba refugio. Muchos fueron asesinados en ese ataque genocida, incluidos nuestros vecinos, jóvenes y niños, que habían migrado la noche anterior y estaban intentando comprar algo de comer para sus hambrientos y cansados hijos.

Dada la situación, nosotros salimos de Jabalia hacia Gaza, a la casa de nuestra hija que vive en el barrio del Real en el centro de Gaza. Ese mismo día, quemaron toda mi ciudad, Beit Hanun, destruyéndolo todo, incluida nuestra casa, nuestros recuerdos y nuestra vida. Más de veinte años de trabajo se hicieron cenizas y lo perdimos absolutamente todo. Ya no teníamos a dónde volver.

El martes 10 de octubre por la mañana, la pesadilla continuaba y la historia se repetía; el ejército terrorista genocida volvió a enviar mensajes exigiendo ahora evacuar a toda la gente del Real. Por tercera vez en menos de tres días, tuvimos que volver a migrar y ahora con la familia de mi hija incluida y otros dos niños. No sabíamos a dónde ir, por lo que elegimos volver a Jabalia, pero, al no haber sitio en las escuelas, decidimos ir a la casa de unos conocidos que nos recibieron temporalmente. Estuvimos una semana, cuatro familias bajo un bombardeo incesante y brutal, que se llevó por delante a muchas familias, escuelas, viviendas y mezquitas. A lo largo de esa semana y sin saber en qué momento íbamos a ser los siguientes, contactamos con el consulado español en Jerusalén y con las familias españolas en Gaza, con el objetivo de que nos evacuaran y salvaran a nuestras familias antes de que fuera demasiado tarde. Antes de acabar la semana, el consulado pidió a todos los habitantes del norte de Gaza (Beit Hanun, Jabalia y Beit Lahia) y los habitantes de la ciudad de Gaza migrar hacia el sur de la Franja de Gaza.

Entonces, de nuevo, fuimos obligados a migrar por cuarta vez, esta vez al sur, hasta la ciudad de Rafah, donde nos quedamos un mes completo bajo las bombas, esperando algún rayo de esperanza para salir de este genocidio. Fue un mes en el que el genocidio se hacía cada día peor y la situación humanitaria cada vez más crítica: sin agua, ni potable ni corriente, sin luz, sin gas, y casi sin nada que comer. Para poder cocinar recolectábamos leña bajo bombas para poder hervir el agua contaminada que encontrábamos para los biberones de los tres bebés, una de ellas de solo dos meses en ese momento. Éramos tres familias en dos habitaciones, luchando por sobrevivir y rezando para que no fuéramos los siguientes en ser borrados del registro civil. A lo largo de esos meses, vimos cosas que nunca imaginamos que un ser humano tendría que ver, vivimos desde dentro lo que es un genocidio y lo que es que todo el mundo te dé la espalda y aplauda mientras matan a nuestros niños, decapitados o por el hambre. Vimos cómo la humanidad del mundo se quedó en palabras vacías y que nada, ni nadie, iba a parar este genocidio.

Perdimos muchos familiares, amigos, conocidos y todo lo que teníamos, pero Gaza no solo perdió eso; el genocidio tiene como objetivo el futuro de Gaza también y que Gaza nunca se vuelva a levantar. Han bombardeado todas las universidades, incluida mi Universidad de Palestina, donde yo trabajaba y enseñaba a muchos estudiantes muy talentosos y con muchos sueños que las bombas del Estado genocida les han robado. Muchos de ellos fueron asesinados, al igual que muchos de mis compañeros.

El 13 de noviembre vimos el primer rayo de luz y evacuaron a las familias de mis hijas. El 14 a mi familia y el 15 a la esposa de mi hijo. La pesadilla terminó para nosotros, pero sigue para toda la gente en Gaza hasta el día de hoy.

A la pregunta que le hicieron sobre qué esperaba de las universidades españolas, Sabah Nassar respondió que espera que contribuyan a la reconstrucción de las universidades palestinas destruidas por el Estado israelí y que establezcan convenios de colaboración con académicos e investigadores palestinos de Gaza y Cisjordania para ayudarles a desarrollarse humana y profesionalmente a fin de que tengan esperanza en el futuro.

Intervención del doctor Rafael Xambó Olmos

Tras el testimonio de Sabah Nassar, intervino el doctor Rafael Xambó Olmos, quien, además de referir las actuaciones de su departamento después de la agresión israelí a Gaza, analizó el impacto de los medios de comunicación en la percepción del conflicto por parte de la población en general, así como la manipulación de masas llevada a cabo por los *lobbies* sionistas en el mundo.

Un par de semanas después del supuesto momento inicial del 7 de octubre del ataque de Hamás empezamos a reaccionar ante el estupor que nos estaba provocando la oleada de propaganda sionista muy escandalosa que estaba inundando Europa. Las etiquetas de terrorismo, masacre, etc., se sucedían. Entonces algunos compañeros y compañeras del Departamento de Sociología, que los más veteranos saben que tiene una tradición de compromiso social, comprensible dada la disciplina que practicamos, pensamos que teníamos que hacer algo. Nos pusimos en contacto con la plataforma Valencia Contra las Guerras y organizamos un foro universitario por la paz. Elaboramos un documento muy sencillo y asequible en el que tomábamos como referencia el artículo 4 de los estatutos de la Universitat de València que dice que está al servicio de la paz y organizamos un acto el 22 de noviembre.

Para nuestra sorpresa, se incorporó al acto el Vicerrectorado de Cooperación y también la rectora, que pidió hablar en el acto. Pusimos unas mesas informativas en el campus de Tarongers a las diez de la mañana, a las doce hicimos una *performance* con las estudiantes de cuarto de Sociología que consistió en lo siguiente: imprimimos en formato A3 unas cuarenta fotos de niños masacrados en Gaza, de la destrucción de los edificios. A las doce en punto sonó una alarma potente de bombardeo. Luego se escucharon las bombas y a continuación pusimos la canción de John Lennon *Imagine*. Entonces, con los carteles colgados al cuello, nos paseamos por el campus generando un gran impacto en la gente que veía las fotos de niños destrozados y asesinados. Lo hicimos mientras duraba la canción. Luego las fotos las donamos a los colectivos ciudadanos que habían colaborado y las han usado en otras demostraciones de apoyo a Palestina. Organizamos una mesa redonda a la cual vino la rectora, hizo un discurso bastante correcto y se marchó. Continuamos la mesa redonda con Joaquim Bosch, un magistrado muy comprometido con los derechos humanos, Miquel Ramos, periodista, y Aisa Nueve, del BDS País Valencià. Todos ellos moderados por Laia Mas, periodista de *La Directa*. En los días siguientes, hubo un silencio espeso en el departamento. Nadie decía ni hacía nada al respecto. Así que al final con unos pocos compañeros elaboramos un manifiesto.

Hago un paréntesis para que lo tengáis claro. El sionismo da ventajas en el campo académico. Si uno se manifiesta a favor de Palestina, tiene problemas, aunque no sepa que los está teniendo. Los tentáculos del servicio de control informativo de Israel se extienden por todo el mundo y especialmente por Europa. Recordad lo que pasó con la Flotilla de la Libertad hace años. Todo el trabajo de denuncia del ataque de Israel a través de Facebook fue recopilado en lo que hoy llamamos minería de datos y entregado a la embajada de Israel en España para el control de estas personas. Por otra parte, aquellos profesores que se posicionan a favor de Israel encuentran muchas facilidades para publicar en determinadas revistas y editoriales británicas y norteamericanas. Y han tenido una carrera estelar.

Es relevante tener esto en cuenta para el día que llevamos el manifiesto para su aprobación en el Consejo de Departamento. Evitamos deliberadamente la discusión sobre si un Estado o dos Estados. Si bien algunos entendemos que la opción de los dos Estados consagra una situación injusta de ocupación de Palestina. Nos interesaba sobre todo subrayar y dejar claro el boicot a las universidades de Israel, ningún tipo de colaboración, denuncia de las investigaciones que se realizan en Israel al servicio de la industria armamentística, denuncia del genocidio, ruptura de relaciones con Israel, etc. Y entonces es cuando nos enteramos, después de veinte años, de que algunas personas son sionistas. Tras algunas discusiones desagradables, porque algunos ponen como condición los dos Estados, se evidencia la trampa ideológica. El sionismo es una ideología que no considera que todos los seres humanos seamos iguales, que deshumaniza a los palestinos para poderlos matar como animales. Nos encontramos con compañeras que plantean que hablar de genocidio no es un concepto aceptable para la ciencia social. Finalmente, el manifiesto se aprobó mayoritariamente con siete abstenciones y ningún voto en contra. La Junta de Facultad también acordó un texto similar a favor de Palestina.

Vale la pena comentar el trabajo que hicimos con los estudiantes de cuarto de Sociología. Inmediatamente después del 7 de octubre, planteamos cambiar las prácticas de la asignatura de Análisis Sociológico de la Comunicación y centrarnos en el análisis del tratamiento informativo de Palestina e Israel en las televisiones españolas durante el mes de octubre.

Aplicamos el modelo de análisis del Glasgow University Media Group, que desarrollaron en su trabajo de principios del siglo XXI *Bad News from Israel* (2004), al analizar el tratamiento de las televisiones británicas BBC1 e ITV de la intifada palestina. En este estudio se evidenció que había una preponderancia de las perspectivas israelíes en las televisiones analizadas. Los israelíes tenían más del doble de posibilidades de ser entrevistados que los palestinos. Los políticos norteamericanos que apoyaban a Israel aparecían también más del doble que los propios políticos británicos. Los informativos de televisión —sigue pasando todavía— no decían nada de la historia o sobre los orígenes del conflicto. Las lagunas de conocimiento por parte de los públicos se correspondían con las lagunas de los informativos. Se hablaba de ocupación de tal manera que llegaban a pensar que eran los palestinos los que estaban ocupando el territorio. Tal como se narraba, la mayoría de las veces, el público consideraba que los problemas empezaban con acciones palestinas y los israelíes respondían a los ataques palestinos. Se subrayaba la tendencia en las televisiones a presentar los asentamientos de colonos en territorios ocupados como comunidades vulnerables, en lugar del papel estratégico que tienen en la imposición de la ocupación, el papel militar clave. Se sitúan en lo alto de las colinas para cumplir una función de vigilancia del territorio y, además, están fuertemente armados. La mayoría de los espectadores sabían muy poco sobre esto y, cuando se les explicaba que los asentamientos controlaban el 40% del territorio de Cisjordania, se quedaban enormemente sorprendidos.

También se da un énfasis muy fuerte sobre las víctimas israelíes en las noticias, siempre acompañado de palabras como asesinato brutal, asesinato en masa, asesinato salvaje a sangre fría, matanza, pero no cuando se trata de palestinos. Para referirse a los palestinos, la palabra que más se utiliza es terrorista. Se recuerda que se trata de televisiones británicas. Tanto se sacaban las víctimas israelíes que los públicos pensaban que la mayoría de los muertos eran israelíes. Analizaron también los problemas de la diferencia cultural. Cuando alguien parecía occidental, empatizaban, cuando alguien parecía árabe, sospechaban.

En el año 2011 replicaron el estudio —*More Bad News from Israel*— y observaron el nivel muy sofisticado de relaciones públicas que ofrece Israel en el caso del ataque a Gaza de 2008 y el ataque de Israel a la Flotilla en 2010. Es decir, si aquí no nos conocemos todos, probablemente habrá alguien que luego pasará un informe. El estudio confirmó todos los hallazgos anteriores y subrayó la capacidad propagandística de Israel. De hecho, el investigador principal del estudio, Greg Philo, padeció persecución y acusaciones de ser antisemita en Gran Bretaña.

Para los medios españoles, el resultado de nuestra investigación durante el mes de octubre es el siguiente:

- **À Punt:** se alinea con el discurso dominante en las instituciones europeas y en los Estados Unidos. Comprensivo con el estado de Israel, niega el genocidio. Aparece una clara descompensación en los informantes palestinos.
- **TV3**: aparece como la televisión más ecuánime. Especialmente por el trabajo de Joan Roura.
- **La Sexta**: en ningún momento llaman a Hamás grupo terrorista y en los informativos la información fue bastante equilibrada. Atención. Solo hablamos del mes de octubre.
- **Antena 3**: menciona «el ejército de Israel», pero son «los terroristas de Hamás». Israel practica «una ofensiva», Hamás hace «atentados», «asaltos», etc.
- Estudiamos también las *fake news* y pudimos comprobar como Israel a través de las granjas de bots intoxica las redes completamente, sobre todo Twitter (ahora X).
- Por lo que se refiere a la información sobre manifestaciones a favor de Palestina, se informaba poco y mal y solo de Europa y el mundo occidental. No se decía nada de las grandes manifestaciones que se han producido en los países árabes, en África, en Asia.
- **TVE**: presenta un claro sesgo informativo a favor de Israel. Y mantienen una pestaña en la web bajo el epígrafe «Guerra Israel/Hamás

en Gaza». No encontraréis una pestaña que ponga «Genocidio Palestina».

En ningún caso ha habido desmentidos cuando se han vertido mentiras terribles; niños decapitados por Hamás, túneles de Hamás bajo los hospitales, etc. Esto fue bastante escandaloso porque no se han corregido por parte de las instituciones, por parte de las televisiones, las falsas e incorrectas informaciones. Ante esto, hay una cuestión clara que debería tenerse en cuenta. Me refiero a lo que ya sucedió en Irak con la toma de Bagdad, que fue el fracaso absoluto del periodismo. Desde la guerra de Vietnam, Estado Unidos aprendió que jamás volvería a haber periodistas independientes en las zonas de conflicto. Por tanto, los periodistas solo pueden ir incrustados, acoplados a las tropas americanas. Por eso no disponemos de imágenes de la toma de Bagdad. No hay imágenes. Las primeras imágenes que vimos después por televisión fueron ya cuando arrastraban la estatua de Sadam Huseín por las calles, pero del bombardeo y la destrucción de la ciudad no hay una sola imagen. Bueno sí, aquellas imágenes a modo de videojuegos que nos mostraban desde los controles de los aviones que bombardeaban Bagdad. Cabe señalar esto porque todos los periodistas que mintieron al servicio de los intereses occidentales, de Estados Unidos, de España con Aznar, todos ellos, excepto una periodista del *New York Times* que mintió tanto que la tuvieron que echar, todos ellos siguieron progresando estupendamente en sus carreras profesionales. Esto está también en relación con lo que decía antes del sionismo. ¿Por qué no ha pasado esto en Palestina? Porque ha habido periodistas palestinos. Israel no ha dejado entrar a los periodistas internacionales. Ciento treinta periodistas palestinos se han dejado la vida, han sido asesinados, y gracias a ellos hemos visto el genocidio, hemos podido difundir esas fotos que nos producen tanto estupor y horror. Aprovecho para recordaros que esta tarde la Unió de Periodistes Valencians premia al periodista palestino Wael Al-Dahdouh, que perdió prácticamente a toda su familia, al cámara con el que trabajaba, y siguió informando. Es un ejemplo para todos los periodistas en todo el mundo.

Querría acabar con una reflexión que cada vez nos preocupa más a los sociólogos. Es lo que podríamos llamar el modelo genocidio, que no es solamente para Palestina. Se está ensayando el modelo para aplicarlo donde haga falta y cuando haga falta, al servicio de los intereses occidentales, que están muy ligados a los intereses de la industria armamentística norteamericana. Cabe tener en cuenta aquel célebre poema del pastor luterano Martin Niemöller que terminaba señalando que «cuando vinieron a por mí, ya no quedaba nadie». Pues empiezan los genocidios y, cuando nos toque [nos tocará], porque las guerras del agua están al caer —por cierto, el famoso milagro agrícola de Israel consiste en robar el agua de Palestina, de Siria... Es mentira que sean unos genios de la agricultura— y el peligro de «resolver» los conflictos y las apetencias de los poderosos exterminando a los que molestan forma parte del núcleo duro del colonialismo, que creíamos superado después de las dos guerras mundiales.

Una última cuestión es la de los colonos. Recordaréis que la Corona británica, por ejemplo, daba la opción a los delincuentes de elegir entre la cárcel o emigrar a Australia. Ahora no es tan evidente, pero, viendo el comportamiento de muchos colonos en los territorios ocupados, parece claro que son gente de lo peor, especialmente los latinoamericanos que van allá. Porque, como sabéis, es tan sencillo como convertirse al judaísmo. Entonces, pides ir a Israel, te dan un arma, empiezas a matar gente y a ocupar sus casas. Esto que no se está contando empieza a preocupar a los Gobiernos europeos y ya algunos, Irlanda, Francia, están planteando que sus nacionales que están como mercenarios o como colonos en Palestina serán juzgados por sus crímenes si regresan. Afortunadamente, son tan torpes que ellos mismos hacen los vídeos en que exhiben su crueldad.

Hay que continuar trabajando, denunciando, movilizándose... Será un trabajo largo, como ocurrió con Sudáfrica, para que algún día Palestina pueda ser libre.

Reflexiones de una mujer palestina sobre las implicaciones del genocidio de su pueblo a partir de sus vivencias

RAWAA ABU ABDOU

Activista humanitaria y de derechos humanos
y miembro de la comunidad palestina en Valencia

ELENA MATAMALA ZAMARRO

Universitat de València

«Imaginad por un momento que vivís en una tienda de campaña sin luz ni agua corriente, teniendo que ir a las pocas fuentes que hay, muchas veces al día, a buscar el agua, viviendo en un lugar sin derechos de ningún tipo, por supuesto, sin internet y aislados del mundo». Así comenzó su intervención Rawaa Abu Abdou, refugiada palestina, quien durante dieciocho años vivió junto a otras cien mil personas en un campo de refugiados del Líbano, en un espacio de tan solo un kilómetro cuadrado.

Su testimonio dio continuidad, en el campus de Tarongers de la Universitat de València (UV), a la comparecencia en línea de Francesca Albanese organizada por la RUxP. El acto contó con la colaboración del Máster Universitario en Política Económica y Economía Pública de la UV y la Facultad de Economía, quienes cedieron el espacio y participaron en la difusión. Al respecto, agradecer la presencia del decano de la Facultad de Economía, Francisco Muñoz; la delegada de la rectora para Cooperación, Carmen Lloret, y la directora del Departamento de Análisis Económico, Empar Pons.

Rawaa, además de agradecer la presencia del público y la organización del acto, antes de comenzar a relatar su historia mencionó que hay decenas de miles de personas muertas y heridas en Gaza y que hay decenas de miles de historias que contar. No obstante, la suya sirvió para que quienes se congregaban en la sala —en torno a ochenta personas— pudieran conocer las secuelas directas de la política colonialista del Estado de Israel.

Rawaa pertenece a la tercera generación nacida fuera de Palestina, pero no olvidó en su relato a quienes viven en Gaza y Cisjordania. Dentro o fuera de Palestina, las situaciones son diversas, al igual que el sufrimiento asociado. En concreto, su familia buscó escapar del genocidio en un gran éxodo hacia los países vecinos de Palestina: Líbano, Siria y Jordania. Este hecho, que comenzó hace setenta y cinco años y llega hasta nuestros días, fue conocido como la catástrofe y el comienzo de la desdicha para el pueblo palestino. Como muchas otras familias, la suya tuvo que entrar en el Líbano porque su frontera es la más cercana a su ciudad al norte de Palestina, junto al mar. Entonces, sus abuelos y el resto de la familia tuvieron que vivir en los campamentos de población refugiada con la esperanza de que la ocupación cesara y pudieran regresar. Pero han pasado setenta y cinco años desde entonces y siguen sin poder volver. Sus abuelos pensaban que sería cuestión de una o varias semanas, por eso salieron de casa dejando todo lo que tenían. Solo cogieron la llave y cerraron la puerta, con la esperanza de regresar algún día. Todavía en la actualidad conservan la llave de sus casas y la pasan de generación en generación convirtiéndola en un símbolo del regreso al hogar. Ahora sus abuelos están muertos, la llave está con su madre, pero su familia sigue albergando la esperanza de poder volver a Palestina en algún momento.

Tal como ella explicó, no es fácil perder de repente la identidad propia, la casa o la familia, con la que el contacto se diluye con el paso del tiempo. Al respecto, recordó como hecho especialmente duro pasar de ser ciudadanos a ser considerados «refugiados». Eso supuso un cambio radical en sus vidas, sobre todo para las mujeres. Hay que tener en cuenta que las mujeres y las criaturas son las personas más vulnerables en un campo de refugiados sin ley, donde se vive en un constante estado de alerta por todas las posibles amenazas. Como recordó, los campamentos son un lugar cerrado con puestos de control en cada entrada y vivir en ellos no es sencillo, pues no disponen de policía, servicios sociales, seguridad, etc.

Mesa de debate «La universidad ante el genocidio» celebrada en el campus de Tarongers de la Universitat de València.

Además, las mujeres también se hacen cargo de multitud de labores (como las tareas del hogar, los cuidados de la infancia, etc.), a las que se suma buscar cualquier tipo de trabajo, pues la mayoría están solas y se ven obligadas a renunciar a sus sueños para poder sacar adelante a sus familias. En concreto, su madre era una mujer viuda que, además de sobrevivir a los numerosos peligros del día a día, tuvo que velar por el futuro de sus hijos y soportar la presión social de ser una mujer sola y mayor en un ambiente difícil, lo que la obligó a aprender varios oficios para subsistir. Rawaa nunca vio a su madre haciendo vida normal como otras mujeres, cuidándose o saliendo con amigas. Siempre estaba preocupada por sacar a su familia adelante durante el día mientras lloraba por las noches.

Cabe decir que en el Líbano no tenían derecho a obtener un contrato laboral, acceder a la salud pública, poseer propiedades, acogerse a la seguridad social, etc. De hecho, su hermano se quedó sin un dedo por no tener derechos laborales ni medios económicos. También hizo referencia a la situación de muchas mujeres embarazadas que se ven obligadas a dar a luz en los puestos militares de control y a las que tienen cáncer y mueren sin atención.

Sin embargo, como no podía ser de otra manera, la salud también se ve afectada en su dimensión mental. La guerra, los bombardeos, la falta de libertad, la huida constante, ser ciudadana de segunda, etc., en un contexto en el que la atención psicológica es inexistente, tiene efectos en el bienestar emocional y psíquico. No en vano, en su caso, cuando llegó a España, lo primero que hizo fue acudir a un terapeuta para que le ayudara a entender y gestionar la cantidad de emociones acumuladas después de vivir todas esas circunstancias extremadamente desagradables. Sin duda, los años de su vida en el campamento de refugiados del Líbano, donde se sintió encerrada y en peligro, le habían pasado factura.

Rawaa describió una infancia llena de conflictos, de peleas, de controles militares, de armas ilegales dentro del campamento, de tiros, bombas y muertes. Cada semana mataban a gente y nadie preguntaba por qué. Indiscutiblemente, eso condicionaba su día a día; desde mirar por la ventana de casa con temor de recibir una bala perdida a no salir sola a la calle para ir a la escuela, sino siempre acompañada por su hermano o su madre. Se sentía como en una cárcel. Encerrada, amenazada, incomunicada, etiquetados ella y su familia como refugiados palestinos.

Como ya se ha apuntado, en el Líbano las personas palestinas refugiadas no tienen derecho a ejercer determinadas profesiones, concretamente, setenta y tres. Rawaa, ante la acumulación de sucesos estresantes, hubiera querido ser psicóloga, pues es consciente de la importancia de esa figura en los centros educativos de los campamentos para trabajar el trauma con la población refugiada infantil. Ella misma echó en falta que hubiera un profesional así durante su infancia y por eso se propuso dedicarse a esa profesión. Sin embargo, debido a las limitaciones en el campamento y a las trabas para obtener la documentación, no pudo matricularse en el Líbano ni, por lo tanto, estudiar para dedicarse a ello. De hecho, esa era una de las profesiones vetadas para la población palestina. Paralelamente, puesto que las universidades son privadas y no ofrecen becas, estudiar una formación superior resulta inaccesible. La única opción es hacer cursos breves y formarse, como en su caso, para ser maestra, aunque la vocación sea otra. Así, cambió sus estudios y se centró en la docencia para poder encontrar trabajo.

En cuanto a sus sueños frustrados, Rawaa contó que de niña anhelaba tener juguetes, pero le daba vergüenza pedírselos a su madre por las estrecheces económicas que pasaba su familia. Algo que, tanto a ella como a sus hermanos, los hizo madurar desde una corta edad y les permitió asumir responsabilidades como, por ejemplo, ser autónomos mientras su madre trabajaba para estudiar o hacer las tareas del hogar —limpiar, ir a por agua, cuidar a los más pequeños, etc.—. Y es que, con cuatro o cinco años, los niños y niñas palestinos tienen que hacer tareas y trabajos que no les corresponden. En su caso, la maduración lleva otro ritmo, se impone y les impide disfrutar de cada etapa vital como ocurre en otras partes.

A todo esto se suma el profundo dolor de no pertenecer a ningún sitio, ni siquiera al Líbano, donde se encuentra su madre y a donde Rawaa no podría regresar ahora. Tampoco a su país, Palestina, de donde su familia tuvo que huir de la guerra y la ocupación. En su intervención, destacó la dureza de sentirse toda su vida como extranjera allá donde iba. Rawaa, que hoy tiene dos hijos pequeños, salió del Líbano con la fuerza que le infundió su madre y el objetivo de tener una vida mejor para su familia y ella. Convencida de que el conocimiento y la educación son la única arma para la mayoría de los palestinos, pudo escapar de ese infierno, aunque no olvida a los cientos de miles de personas que no han podido salir del Líbano ni de sus campamentos de refugiados o los de Jordania y Siria ni tampoco de los territorios ocupados. Aunque viven en los campamentos de esos países desde hace setenta y cinco años, aunque han nacido allí, no tienen derecho de ciudadanía ni de nacionalidad. De hecho, incluso siendo de origen libanés, al casarse con un palestino se pierde el derecho de ciudadanía.

Rawaa explicó que se siente afortunada de haber podido obtener un visado en la embajada española, lo cual resulta especialmente difícil en casos como el suyo teniendo en cuenta que se trata de personas sin nacionalidad, sin papeles, sin derechos, etc. Así es imposible cumplir con requisitos administrativos como presentar un contrato de trabajo en la embajada o tener una cuenta bancaria. Eso explica la multitud de personas afincadas en el Líbano que tratan de llegar a Europa en peligrosísimos viajes ilegales por mar en los que tienen que pagar diez mil dólares para embarcar y una alta probabilidad de morir en el trayecto. No obstante, el deseo de salir del infierno de los campamentos y de la miseria, de tener una vida normal, una vida sin controles militares, sin conflictos y con derechos, las empuja a asumir ese riesgo.

Ojalá, concluyó Rawaa, llegue el día en el que eso no ocurra y las personas palestinas puedan volver a su tierra natal para vivir en paz y libertad siendo dueñas de su vida.

Diálogo con el público y cierre del acto

Tras agradecer la intervención, se inició un diálogo con el público a partir del intercambio de vivencias e impresiones. Preguntada por los sentimientos que le suscitan las noticias que llegan de Palestina, Rawaa respondió con una frase de su madre: «Del sufrimiento aprendimos a ser pacientes y fuertes para defender nuestra tierra y derechos». También compartió ejemplos cercanos a ella del horror en Gaza, como el caso de los hijos de una amiga suya que vive en Cisjordania que fueron a visitar al padre en Gaza y se quedaron atrapados allí sin agua, comida, electricidad ni medicinas. En cualquier guerra, es posible huir a los países vecinos, pero de Gaza no se puede salir. Y, además, mucha gente no quiere marcharse de su tierra, prefiere quedarse que huir a países colindantes que no le ofrecerán más seguridad. Es extremadamente angustioso estar dentro de un genocidio sin posibilidad de escapar.

Al hilo de ello, le preguntaron su opinión sobre la acogida que se da al pueblo palestino, concretamente en Valencia. Si la gente conecta de verdad con lo que está ocurriendo y responde. En relación con la acogida en España, Rawaa comentó que los dos primeros años fueron los más duros de su vida porque estaba a la espera de que le concedieran el asilo para obtener la residencia. Recuerda el temor de esa época, ya que, si no se lo daban, no sabía a dónde podría ir. Al Líbano no podía volver porque, aun habiendo nacido allí, lo había hecho en los campamentos y no se la consideraba libanesa. Por ese motivo, no tenía papeles ni documentos y se veía obligada a renovar la residencia todos los años como el resto de la población palestina desplazada. Y, aunque había salido de allí con un permiso de residencia, le había caducado. De ahí que en la actualidad no pueda regresar al país donde nació, donde se formaron sus primeros recuerdos y donde se encuentran su madre y sus hermanos. Tampoco puede volver a Palestina, ni siquiera de visita, porque, como bien explicó, todas las personas que salieron a partir de 1948 ya no tienen derecho a regresar.

El público, que también reunió a otros representantes de la comunidad palestina en Valencia, corroboró esta situación. Las personas refugiadas palestinas en el Líbano no tienen pasaporte, solo un documento de viaje que las pone a merced de la suerte cuando tienen que atravesar fronteras, pues en muchos lugares se desconoce esta acreditación. Las segundas generaciones en España, ya nacidas en el país, se convierten en las primeras personas de la familia que pueden contar con una nacionalidad que durante tanto tiempo se les ha negado, que tendrán papeles, pasaporte y, en definitiva, derechos y la posibilidad de moverse libremente por el mundo como el resto de los humanos en este planeta. En cuanto a la documentación, una de las asistentes celebró que el día anterior se hubiera iniciado en el Congreso la tramitación de la Proposición de Ley de iniciativa popular para una regularización extraordinaria para personas extranjeras en España.

Público presente en «La universidad ante el genocidio».
Campus de Tarongers de la Universitat de València.

Sin embargo, más allá de las barreras administrativas, Rawaa compartió la percepción de que en España falta información sobre lo que está ocurriendo en Palestina, sobre el exterminio de su pueblo. Y no solo eso, sino que tampoco se conoce lo que ocurre en los campamentos de refugiados palestinos del Líbano u otros países. No se sabe que existe un proceso de colonización, una invasión, un genocidio. Ni tampoco se reconoce, a diferencia de lo que ha ocurrido en otros casos como el de Ucrania. No se sabe que esta masacre lleva en marcha muchas décadas; de ahí su necesidad de ser altavoz y apoyar, como miembro de la comunidad palestina de España, al resto de las personas palestinas que van llegando.

Esta apreciación fue confirmada por el público asistente. Así, una estudiante de la Universitat de València explicó cómo durante el inicio de la guerra de Ucrania, en las asignaturas impartidas del grado, se hablaba de ella y de sus implicaciones para la población ucraniana, mientras que ante el genocidio palestino ha habido una opacidad y una falta de visibilización por parte del profesorado que llama la atención y lleva a reflexionar sobre ello. ¿Por qué está diferencia de trato? Incluso el posicionamiento de la universidad en relación con estos dos países ha sido claramente desigual bajo el argumento, en el caso palestino, de que en la universidad no se puede hacer política.

Al hilo de esto, una profesora de Derecho Constitucional también compartió la impotencia que crea la ausencia de un posicionamiento firme por parte de la universidad como institución, pero también por parte de las personas que la integran. De hecho, la percepción es que también en la academia se reproduce el colonialismo. Pareciera como si en nuestras sociedades ya no hubiese margen para renunciar a cierta comodidad de nuestras vidas a fin de dedicar tiempo a organizarnos para mostrar la indignación que suscita un genocidio de este nivel. De ahí la importancia de que cada cual actúe desde su espacio laboral, en su espacio cotidiano, a fin de avanzar hacia acciones concretas de posicionamiento no solo personal, sino también institucional.

Con respecto a las narrativas sobre la cuestión palestina y su cabida en la universidad, se diferenció la política del partidismo político y se señaló que hacer política y defender los derechos fundamentales del pueblo palestino es parte de su cometido. En la universidad no solo se forma a profesionales, sino a estudiantes que deben entender el mundo en el que viven. Podrán hacer lo que quieran si tienen ese conocimiento y son conscientes de los privilegios de una parte de la sociedad. El profesorado tiene la responsabilidad de abrir las ventanas de las aulas para mostrar al alumnado el mundo en el que vivimos. Un mundo que alberga genocidios y donde los rostros de la guerra van cambiando.

Sin más cuestiones, el acto finalizó con la exposición de las acciones de apoyo al pueblo palestino previstas en fechas próximas y la lectura del poema «Las tonalidades de la ira» de Rafeef Ziadah, periodista, poeta y defensora de los derechos humanos nacida en el Líbano y perteneciente a la tercera generación de personas refugiadas de su familia. El recital estuvo acompañado por la proyección de imágenes del genocidio en Gaza mientras sonaba de fondo música de Dana Salah. Tras ello, se generó un espacio de intercambio informal entre el público, conmocionado todavía por lo que se había compartido. Parafraseando a Rafeef Ziadah: «¡Cuidado, cuidado con nuestra ira!».

Esa distante indiferencia que habita nuestras aulas, pasillos, rumores y silencios. Una discusión sobre el genocidio desde la Universidad de Zaragoza

PABLO LÓPIZ CANTÓ
DANIEL JIMÉNEZ FRANCO
La Fábrica de lo Social
Universidad de Zaragoza

La intención y las prácticas genocidas son parte integral de la ideología y los procesos del colonialismo de asentamiento, como ilustra la experiencia de los nativos americanos en Estados Unidos, las primeras naciones en Australia o los herero en Namibia. Y, si el objetivo del colonialismo de asentamiento es apropiarse de la tierra y los recursos de los indígenas, la mera existencia de esos pueblos supone una amenaza existencial para la sociedad de colonos. De ahí que la destrucción y la sustitución de los pueblos indígenas sean «inevitables» y ejecutadas por diferentes métodos en función de la amenaza percibida por los colonos (Albanese, 2024).

10 DE ABRIL DE 2024[1]

En un acto como este nuestra tarea debe consistir en interpelarnos las unas a las otras, los unos a los otros, en tanto que miembros de una co-

---

1 Contenido basado en las intervenciones que abrieron el debate posterior a la conferencia de Francesca Albanese el 10 de abril de 2024 en la Facultad de Filosofía y Letras de la Universidad de Zaragoza.

munidad académica. La Universidad de Zaragoza tiene que asumir su parte de responsabilidad en los sucesos que están teniendo lugar, pues son sucesos que nos implican a todos y a todas. No nos son ajenos.

La cuestión que está sobre la mesa tiene que ver con cómo se han generado las condiciones históricas para el genocidio que está teniendo lugar en las tierras palestinas y que tiene que ver con la larga historia de nuestras sociedades, la historia de Occidente, eso que llamamos Occidente y que, como bien explicó el intelectual palestino Edward Said —al que la propia Francesca Albanese ha citado en su intervención—, es efecto de las políticas de despojo, desposesión, matanzas, crímenes de lesa humanidad continuados y reiterados sobre unas poblaciones otras designadas como Oriente. En ese sentido las condiciones de producción del genocidio en curso son la consecuencia de políticas históricas que han sido y son responsabilidad de todo Occidente y en las cuales, obviamente, el Estado español ha tenido mucho que ver.

El propio Imperio español tuvo mucho que ver con esas prácticas coloniales antes de que existiese el Estado español. Aunque no procede hacer aquí una revisión histórica que más o menos todas conocemos, sí podemos tratar de interpelarnos a nosotros mismos en relación con el presente o, dicho de otro modo, facilitar que el presente nos interpele; retirar el foco de las víctimas y mirar hacia el lado de los verdugos, pues los verdugos se parecen bastante más a nosotros de lo que nosotros nos parecemos a las víctimas. Para hacerlo deberíamos alejarnos en lo posible del discurso humanista al uso. Quizá suene provocador, pero todo el mundo muere: gente joven, gente mayor, niños, adultos, ancianos. La vida, el mundo, es un constante apilarse de cadáveres. La provocación es en realidad una *boutade*: al final, todo lo que nace muere. Tal es el orden natural de las cosas. Y no parece difícil comprender que a los muertos les da igual si han sido víctimas de una catástrofe natural, de una epidemia o del impacto de un misil del enemigo.

El problema, nuestro problema, tiene que ver con los vivos. Y lo más escalofriante de lo que está sucediendo a los vivos no tiene que ver con las víctimas del genocidio, sino precisamente con los verdugos. Lo más escalofriante es ver familias enteras, madres y padres con sus hijos, apostadas a la entrada del paso de Rafah, cantando alegremente porque están consiguiendo impedir la entrada en Gaza de ayuda humanitaria, de medicamentos y comida, mientras al otro lado del muro otras familias, también padres y madres y niños, se mueren de hambre.

Aimé Césarie, el poeta francés por antonomasia del siglo xx e intelectual de la negritud, lo dijo muy claro en su *Discurso sobre el colonialismo*. El primer y más terrible efecto de las lógicas coloniales no es otro que el embrutecimiento del colonizador. El colonizador, cuando cree estar deshumanizando a los colonizados, cuando cree estar deshumanizando a quienes son sus víctimas, en realidad solo se está deshumanizando a sí mismo. Y esta es la faz más monstruosa de lo que está pasando en el mal llamado conflicto entre Israel y Palestina. No hace falta insistir: no hay exactamente un conflicto entre Palestina e Israel. Hay, si acaso, un conflicto con un Estado, Israel, que persigue y elimina a todos aquellos que considera enemigos o extraños a sí mismo.

Lo bueno que nos puede ofrecer este acto que hoy nos ha reunido y en el que hemos podido escuchar a la Relatora Especial de las Naciones Unidas para los territorios palestinos es la oportunidad de no caer en ese embrutecimiento, en esa deshumanización a la que las condiciones históricas actuales —ya desde hace más de setenta años— están llevando a muchísima gente, fundamentalmente a la ciudadanía israelí, a través de las políticas sionistas de *apartheid* en primer lugar y, en último término, como ha explicado Francesca Albanese, del genocidio actual. Un acto como el de hoy, mediante la interpelación que nos dirige, debería permitirnos empezar a separarnos de ese proceso de deshumanización y embrutecimiento en el que incluso nuestras universidades y nuestro Estado, el Estado español, y, por supuesto, la Unión Europea nos quieren involucrar.

Por eso lo más preocupante es la gente que falta en este acto: las estudiantes que faltan, los compañeros y compañeras del personal docente e investigador que faltan y, por supuesto, también del personal de administración. Pese a todo eso, aquí podemos empezar una labor de dignificación de nuestras propias posiciones a partir de trabajar juntas por algo tan sencillo e inmediato como es exigir a nuestro Rectorado la ruptura de toda relación institucional con el Estado de Israel y su academia. Se trata de una decisión innegociable. Es, junto con otras cuatro demandas mínimas, el objetivo que la Red Universitaria por Palestina ha convertido en centro de su trabajo en más de cuarenta universidades. Y no lo estamos reivindicando aquí porque se nos antoje a nosotras, sino que es lo que se deduce del respeto debido al ordenamiento legal internacional, ese que nos iba a asegurar que el horror criminal del genocidio no sería tolerado nunca más.

30 DE ABRIL DE 2024[2]

El lunes 29 y el martes 30 de abril, la Red Universitaria por Palestina envió sus demandas a los equipos rectorales de todas las universidades que componen la red citada, a la presidencia y secretaría general de la CRUE y al Ministerio de Ciencia, Innovación y Universidades, acompañándolas de la petición de entrevistarse con dichas instituciones. La primera acampada estudiantil, en la Universitat de València, instalaba sus tiendas de campaña el mismo martes 30. La de Zaragoza comenzaría diez días después.

2 El 30 de abril de 2024 se celebró en la Facultad de Filosofía y Letras de la Universidad de Zaragoza la conferencia de Rodrigo Karmy y José Luis Ledesma titulada «Genocidio, intifada y Academia».

Dos semanas antes, en la noche del 14 al 15 de abril, en el campo de refugiados de Nuseirat (Gaza), cuando algunas personas se despertaron y salieron a la calle —o a lo que queda de ella— para buscar el origen de los llantos de bebé y las voces de mujeres que pedían socorro, varios drones israelíes abrieron fuego contra ellas. Los llantos que las había despertado procedían de los mismos drones que las acabaron acribillando, drones que saben llorar como bebés para atraer a sus presas. Quizá sean esos mismos drones los que utilizan el programa ORB-SLAM3, un sistema de localización y mapeo en 3D desarrollado por un grupo de investigación en robótica de la Universidad de Zaragoza, que tiene la patente. La empresa israelí Sightec usa esta tecnología en sus sistemas incorporados a los drones militares de la empresa aeroespacial israelí Israel Aerospace Industries, principal proveedora de drones de combate al ejército de Israel. Sightec, empresa creada y tutelada por el Servicio de Seguridad General israelí, tenía un acuerdo con la Universidad de Zaragoza que le permitía el uso comercial de su *software* hasta 2026 vía pago de varias decenas de miles de euros, lo que convierte a nuestra universidad en cómplice de algo horrible. El Estado de Israel lleva siete décadas acumulando reiteradas, aberrantes e impunes violaciones del orden legal internacional en todos sus niveles y manifestaciones, todas inherentes a un proyecto colonial de asentamiento que invade, saquea recursos, expulsa y extermina bajo el disfraz de única democracia de Oriente Próximo, Start-up Nation y ejército más moral del mundo.

«Este es un caso de genocidio de manual» —Craig Mokhiber, director de la oficina de Nueva York del Alto Comisionado de las Naciones Unidas para los Derechos Humanos, en su carta de dimisión dirigida al Alto Comisionado, 28 de octubre de 2023—. «Alerta de limpieza étnica» —Francesca Albanese, Relatora Especial de las Naciones Unidas sobre la situación de los derechos humanos en los territorios palestinos ocupados desde 1967, en un comunicado de prensa de 14 de octubre de 2023—. «Un genocidio en ciernes. Expertos de la ONU piden a la comunidad internacional que evite el genocidio contra el pueblo palestino» —comunicado de prensa de 16 de noviembre de 2023—. El mundo entero conoce las cifras, las imágenes, las palabras y los silencios del horror absoluto. Las cifras multiplican las de cualquier precedente en mucho tiempo. «Una misión a la que la comunidad internacional no ha estado confrontada desde la Segunda Guerra Mundial», declaraba el 2 de mayo Abdallah al Dardari, director de la Oficina Regional para los Estados Árabes del Programa de las Naciones Unidas para el Desarrollo (PNUD). Según estimaciones iniciales de este programa, la reconstrucción de la Franja de Gaza tardará lustros y costará decenas de miles de millones de euros.

También han sido asesinados miles de estudiantes y personal trabajador de las universidades (WAFA, 2024). Se han destruido o dañado 464 centros educativos (University World News, 2023), incluyendo la práctica totalidad de las escuelas y todas las sedes universitarias: la Islámica de Gaza, la de Al-Azhar, la de Al-Aqsa, la de Palestina, la Abierta Al-Quds, la de Gaza, el Colegio Universitario de Ciencias Aplicadas, la Universidad Al-Israa, el Colegio Técnico Palestino, el Colegio Palestino de Enfermería y el Colegio Árabe de Ciencias Sociales. Entre el estudiantado superviviente, 625.000 niños llevan siete meses sin acudir a la escuela y 90.000 universitarios no pueden continuar sus estudios. Israel ha dirigido ataques selectivos contra académicos y sus familias, como en el caso del asesinato del rector de la Universidad Islámica de Gaza (Universidad de Granada, 2023). Los centros de educación superior palestinos han lanzado numerosos llamamientos pidiendo apoyo a la comunidad académica internacional para acabar con setenta y cinco años de ocupación y *apartheid* (Universidad de Birzeit, 2023). Los centros israelíes se han dedicado a mostrar su indignación ante el menor cuestionamiento, como muestra la respuesta de la Asociación de Autoridades de Universidades de Israel el 21 de mayo (VERA, 2024) al tímido comunicado de la CRUE de 9 de mayo (CRUE, 2024).

Los principios y valores declarados en los Estatutos y el Código Ético de la Universidad de Zaragoza, como los de cualquier otra universidad, son incompatibles con el mantenimiento de vínculos con un Estado que lleva décadas aplicando una política de ocupación y *apartheid* y los últimos seis meses perpetrando un genocidio sobre la Franja de Gaza. Israel ha incumplido todas y cada una de las resoluciones de las Naciones Unidas que instan a poner fin a la ocupación, garantizar el retorno de los refugiados y respetar los derechos humanos del pueblo palestino (*Diario Público*, 2023). El 10 de mayo, en otro capítulo de esa historia criminal, el embajador israelí trituró en el estrado una copia de la carta de las Naciones Unidas durante su Asamblea General. El 24 de mayo de 2024, la Corte Internacional de Justicia dictaminaba que Israel debía detener «inmediatamente» su ofensiva militar en Rafah. Cuatro días antes, el fiscal de la Corte Penal Internacional había emitido una orden de detención contra el primer ministro israelí y su ministro de Defensa por, entre otros cargos, exterminio, inanición como método de guerra y denegación de ayuda humanitaria. El régimen sionista respondió amenazando al fiscal mientras el Gobierno de Estados Unidos discutía cómo aplicar sanciones a los jueces de ambos tribunales.

29 DE MAYO DE 2024[3]

Palestina nos informa del mundo en el que vivimos. Es nuestro encuentro con lo real. La voladura, el bombardeo y la demolición de

---

3 El 28 de mayo de 2024, Daniel Lobato y Saad Youssef impartieron una conferencia titulada «Entender el colonialismo hoy: el caso de Palestina» en la Facultad de Filosofía y Letras de la Universidad de Zaragoza.

sus universidades nos hablan del proceso de desmantelamiento, despojo, mercantilización y abandono de todo refugio desde el que pensar el mundo y comprender su devenir, también —y sobre todo— aquí (Karmy, 2024). Hagamos, por tanto, de la necesidad virtud y tratemos de pensar con un mínimo de rigor la lección palestina, recoger sus frutos. Tal debería ser, al fin y al cabo, la actividad que rigiese nuestra labor en la academia: nuestro compromiso como profesores y docentes universitarios no es otro que con el rigor.

Este compromiso nos obliga ante todo a constatar que, frente a lo que muchos investigadores habían diagnosticado, el periodo colonial no ha terminado. No vivimos, mal que nos pese, en la fase del poscolonialismo ni en un presunto neocolonialismo. No ha habido ruptura definitiva con las prácticas políticas que caracterizaron las relaciones entre los territorios metropolitanos occidentales, europeos y norteamericanos y sus periferias. Si bien es cierto que toda una serie de pueblos alcanza a emanciparse del dominio colonial a lo largo de los siglos xix y xx, otros, con Palestina como prueba viva, han seguido siendo sometidos a ese dominio que, como pone de manifiesto la historia hecha por los subalternos, recurre a las formas más terribles de sojuzgamiento y, entre estas, a estrategias de aniquilación de las poblaciones indígenas.

Israel ha demostrado no ser sino un proyecto occidental dedicado a la administración colonial de un territorio geopolíticamente clave en la reproducción de los equilibrios internacionales y al mantenimiento de cierto *statu quo* en las luchas por la hegemonía a nivel global. Como sucediera en otros proyectos semejantes, tales como la colonización francesa de Argelia, la española de Guinea Ecuatorial, la inglesa de la India, la belga del Congo o la holandesa en Sudáfrica —la lista es amplísima—, en Palestina se hace patente la necesidad de emplear las formas más descarnadas de violencia para imponer, desarrollar y sostener el colonialismo. Hablamos de la que es, sin duda, una de las formas de dominación más aterradoras que ha contemplado la historia humana, llena a su vez de mil y una formas de violencia. La práctica normalizada —naturalizada incluso— del genocidio, esto es, del exterminio de poblaciones enteras, ha sido su sello característico. Algunas de las naciones más poderosas del mundo, entre las cuales Estados Unidos solo es el caso ejemplar, han sido construidas sobre los huesos de los habitantes originarios en los territorios que ocupan.

De esta violencia consustancial a los proyectos coloniales, una de cuyas características es que ni siquiera reconoce como humanos a quienes coloniza, se deriva la incapacidad del colonizador para instaurar un orden social mínimamente igualitario o para desplegar estrategias de negociación con las poblaciones nativas. Toda vez que el colonizado exprese una demanda de reconocimiento o de igualdad, el colono, es decir, el sujeto agente de la instauración y el mantenimiento de la colonización, no encontrará más respuesta que la repetición del gesto fundante de una violencia ilimitada. Cada vez que el colonizado exprese su deseo de escapar a la dominación, el colono verá en esa expresión otra agresión ilegítima contra un orden que, por el hecho de constituirlo, vive como natural y necesario.

Así, rotos todos los puentes que pudieran hacer factible una salida sin violencia a la dominación, dado que el colono prefiere eliminar al nativo antes que reconocerlo como un igual, el colonizado que quiere liberarse se verá abocado indefectiblemente a asumir que su lucha contra la colonización es una guerra a muerte, y esta asunción se observa con especial claridad en los casos, en absoluto infrecuentes, en que la colonización despliega su versión extrema: el genocidio. El colonizado enfrenta entonces dos opciones: morir obedeciendo o tratar de sobrevivir en una lucha a muerte contra el colonizador.

Si, como decía Césaire, la primera tragedia de la colonización es el embrutecimiento del colonizador, Frantz Fanon nos enseñó que, en la lucha por la emancipación, un segundo momento trágico consiste en no dejar más opción al colonizado que devolver la violencia de la que ha sido objeto —acaso una porción infinitesimal de todo el daño sufrido.

Mientras paga un precio inmensurable en vidas humanas, Palestina nos anuncia que su victoria es inevitable porque la barbarie colonial sigue pisando el acelerador de su propia implosión. Gracias, Gaza. Gracias, Palestina. Ojalá seamos capaces de afrontar con dignidad esa implosión desde una posición firme y digna, por fin y por siempre. Por justicia para Palestina y por nuestro propio futuro. Eso es lo que nos hemos prometido hacer.

Bibliografía

Albanese, Francesca (2024). *Anatomy of a Genocide. Report of the Special Rapporteur on the situation of human rights in the Palestinian territories occupied since 1967* (A/HRC/55/73), 26 de febrero-5 de abril, p. 3.

CRUE (09.05.2024). «Comunicado de CRUE sobre la situación en la Franja de Gaza», 9 de mayo. Puede consultarse en: https://www.crue.org/2024/05/comunicado-de-crue-sobre-la-situacion-en-la-franja-de-gaza/.

Diario Público (2023). «Israel acumula 75 años de desprecio a las resoluciones de la ONU», 11 de octubre. Puede consultarse en: https://www.publico.es/internacional/israel-acumula-75-anos-desprecio-resoluciones-onu.html.

Karmy, Rodrigo (2024). «La universidad estallada. Palestina y el devenir de las humanidades». *Revista Disenso*, 21 de abril. Puede consultarse en: https://revistadisenso.com/universidad-estallada/.

Universidad de Birzeit (2023). «A Unified Call for Justice and Freedom in Palestine», 29 de noviembre. Puede consultarse en: https://www.birzeit.edu/en/news/unified-call-justice-and-freedom-palestine.

Universidad de Granada (2023). «Comunicado de la UGR sobre la muerte del rector de la Universidad Islámica de Gaza», 6 de diciembre. Puede consultarse en: https://www.ugr.es/universidad/noticias/comunicado-ugr-muerte-rector-universidad-islamica-gaza.

UNIVERSITY WORLD NEWS (2023). «439 HE students and staff killed, universities hit in war». Puede consultarse en https://www.universityworldnews.com/post.php?story=20231107142515556.

VERA (2024). «Response to the Governing Board of the Conference of Rectors of Spanish Universities (CRUE)», 25 de abril. Puede consultarse en: https://www.technion.ac.il/en/2024/05/association-of-university-heads-israel-vera/#.

WAFA (2024). «Ministry of Education report». Puede consultarse en: https://english.wafa.ps/Pages/Details/140607.

Cómo sobrevivir a setenta y ocho años de ocupación y veinte de bloqueo y seguir siendo resiliente en Gaza

María José Lera
Universidad de Sevilla

Hazem Abuelahish
Estudiante de la Universidad de Sevilla

Basel Ashour
Estudiante de la Universidad de Sevilla

En el nodo de la Universidad de Sevilla (US), la conferencia tuvo lugar en el salón de actos de la Facultad de Psicología después de que el decano de la Facultad de Derecho decidiera, tan solo cuarenta horas antes, que no se celebrara en su facultad, donde estaba programado hacerlo dado el carácter jurídico de la intervención de la relatora Francesca Albanese.

El traslado del acto a la Facultad de Psicología no supuso ningún problema y, de hecho, la naturaleza de la segunda parte encajó perfectamente con ella. Se trató de la conferencia «La vida en Gaza desde una mirada psicológica», impartida por Hazem Abuelahish y Basel Ashour —ambos psicólogos en Gaza y estudiantes de doctorado en la US—, en la que expusieron su experiencia en cuanto que gazatíes y cómo la psicología ayuda a sobrevivir a un genocidio fortaleciendo la resiliencia.

Acto «La universidad ante el genocidio»,
Universidad de Sevilla, 10 de abril de 2024.

La vida en Gaza, la resiliencia y el *sumud*

Causalmente, Hazem y Basel[1] decidieron el 26 de septiembre de 2023 visitar Egipto para cuidarse y aliviarse, después de muchas experiencias difíciles, ya que son trabajadores de la salud mental en Gaza, y, además, Hazem necesitaba una cirugía de hernia inguinal. Mientras Hazem se recuperaba en El Cairo, el bombardeo comenzó, lo que motivó que no pudieran regresar a Gaza y los obligó a permanecer separados de sus familias. Ambos se quedaron atrapados en Egipto. La esposa embarazada de Hazem y su pequeña hija se quedaron solas para enfrentar los bombardeos y el terror durante esta guerra, al igual que la esposa de Basel y sus cuatro hijos:

---

1 Este apartado se basa en sus respectivos testimonios.

No sabíamos qué podría pasar con nuestros parientes y amigos en la Franja de Gaza, ya que la muerte y los bombardeos están en todas partes, y todo el tiempo. Tenemos una ansiedad abrumadora y no podemos dormir, especialmente cuando se corta la comunicación (lo que sucede con frecuencia).

El tiempo es sangre, esta es una nueva regla en la Franja de Gaza, porque cada minuto que pasa, muchas personas mueren, resultan heridas o desplazadas.

Principales preocupaciones vitales de los gazatíes

Para cualquier habitante de la Franja de Gaza, lo más inmediato es luchar por preservar los elementos más esenciales para su supervivencia. Estos son: 1) su hogar; 2) sus necesidades vitales; 3) cómo afrontar los desplazamientos forzados, y 4) cómo mantenerse en contacto con sus seres queridos.

1) *Cómo mantener el hogar y el barrio*

La casa se considera una patria, una tradición profundamente arraigada en la sociedad palestina. El hogar es donde se celebran numerosas reuniones y acontecimientos sociales, como cumpleaños o graduaciones, y donde se reciben invitados en los días festivos. Todos estos aspectos confieren una importancia y una centralidad significativas al hogar palestino. La destrucción de las viviendas tiene un profundo impacto psicológico en sus propietarios, ya que pierden sus recuerdos y los detalles de sus vidas. Barrios enteros han sido arrasados hasta el punto de que los puntos de referencia de sus habitantes han desaparecido. A pesar de esta devastación, los propietarios esperan ansiosamente regresar a sus ruinas y escombros, impulsados por el deseo de restablecer su presencia y la determinación de reconstruir y reconstruir.

2) *Cómo satisfacer las necesidades vitales más básicas*

Los habitantes de la Franja de Gaza se enfrentan a otra batalla paralela al conflicto en curso: la lucha por obtener lo más básico y necesario para la vida. Acceder a las tiendas de alimentos es un viaje de sufrimiento, que implica largas colas bajo adversas condiciones climáticas. Obtener un sorbo de agua requiere un esfuerzo y tiempo considerables. Asegurar una comida en estas circunstancias puede poner en peligro de muerte al cabeza de familia.

La situación se complica aún más por el corte en el suministro eléctrico desde el 7 de octubre de 2023 y la falta de gas para cocinar, lo que lleva a muchos a recurrir a métodos tradicionales como la quema de leña. Además, la atención médica, que es un derecho humano natural y legítimo, tampoco puede dispensarse debido a la escasez de suministros y medicamentos esenciales, por lo que muchas personas mueren debido a complicaciones de enfermedades o lesiones. La perturbación del sistema educativo ha privado a miles de estudiantes de asistir a sus centros de enseñanza, lo que está afectando a su el proceso formativo, que también es un derecho humano fundamental.

3) *Cómo afrontar los desplazamientos forzados*

Ante la gravedad de los acontecimientos, la familia de Hazem se desplazó del norte de la Franja de Gaza (campamento de Jabaliya) a la ciudad de Gaza. La familia de Basel se trasladó desde la ciudad de Gaza a la casa de su madre en la ciudad de Rafah, en un espacio de cien metros cuadrados que comparte con quince familiares más.

Cuando hablamos de desplazamiento hacia el sur de Gaza, hay que resaltar el desafío y el riesgo que conlleva. Israel ha dividido la Franja de Gaza en dos partes colocando un puesto de contrrol en el centro y su ejército obliga a recorrer al menos nueve kilómetros a pie antes y después de cruzarlo. Hacerlo es muy arriesgado para la esposa de Hazem, que está embarazada y podría perder a su bebé. También sería una experiencia horrible para su hija Sara, que se vería obligada a ver los cadáveres mutilados y despedazados de los numerosos desplazados que son asesinados y abandonados en los bordes de las carreteras —que supuestamente garantizan un paso seguro—, al igual que lo sería para sus padres ancianos —76 años su padre y 78 su madre .

Para los palestinos en general, y los habitantes de Gaza en particular, el término «desplazamiento» conlleva un sentido de intimidación y abarca muchos detalles agotadores y a menudo humillantes. El desplazamiento implica un nuevo capítulo de preparación y planificación para mudarse a otro lugar que a menudo carece de las necesidades básicas para la vida. El plan comienza con la organización del transporte de pertenencias como ropa y mantas, instalación de una tienda de campaña y la búsqueda de maneras de obtener un poco de agua y comida, todo lejos de las condiciones de vida humanas adecuadas.

El desplazamiento que se está produciendo de nuevo, que ha ocurrido para cientos de miles de palestinos durante la guerra en curso, representa una repetición del sufrimiento. Se preguntan, ¿a dónde podemos ir? No hay lugar seguro en la Franja de Gaza. Esta es una pregunta legítima que es difícil de responder.

4) *Cómo mantenerse en contacto con los seres más queridos*

La importancia de las relaciones sociales para preservar la estabilidad mental obliga a los habitantes de Gaza a mantener una comunicación constante entre ellos. La guerra en curso ha privado a cientos de miles de personas de mantenerse en contacto con sus familias dentro y fuera de la Franja de Gaza. Los cortes de energía han provocado interrupciones en el servicio de internet y la destrucción de las redes de comunicación e internet forma parte del daño generalizado a las infraestructuras en la región.

La ansiedad que se apodera de un individuo al enterarse de que un ataque aéreo ha tenido como objetivo el área de un familiar o amigo afecta a su vida diaria, agota sus pensamientos e impacta negativamente en su calidad de vida. La pérdida de comunicación ha provocado que muchos palestinos pierdan la vida debido a la imposibilidad de ponerse en contacto con las ambulancias o los equipos de defensa civil para extinguir los incendios.

5) *Confrontar la horrible verdad*

Las familias de Hazem y Basel atraviesan situaciones y circunstancias difíciles en la vida diaria, como la obtención de necesidades esenciales como alimentos, agua, medicamentos, leche infantil, especialmente si tienen bebés de once meses y un mes. Tratan de usar leña para cocinar y burros para el transporte y pasan muchas horas en colas para conseguir pan, atención médica, agua potable, baño, etc. «Mi esposa, que había quedado embarazada a través de FIV, afrontando el hambre y la falta de atención médica adecuada, dio a luz a mi hijo Elías por cesárea el 12 de marzo», explicó Hazem.

6) *Verdad con citas dolorosas*

«Lloré de alegría cuando me comí un trozo de carne», dijo Sara, la hija de Hazem, durante una llamada telefónica cuando, después de meses de asedio en el norte de la Franja de Gaza sin apenas acceso a alimentos, su abuelo por fin consiguió algo de carne.

«Papá, temblé de miedo y frío», dijo también, refiriéndose al momento de la invasión en el que tuvieron los tanques israelíes frente a su casa, disparando al azar.

«Es insoportable; estoy agotada de hacer cola para conseguir agua, comida y medicinas, todos los detalles de la vida han muerto, somos muertos disfrazados de vivos», manifestó la esposa de Basel.

«Intento tranquilizar a mis hermanos, pero no puedo soportarlo. Ojalá estuvieras aquí, papá», se lamentó Lana, la hija de trece años de Basel.

«No puedo dormir por la intensidad de los bombardeos y el ruido de los aviones», dijo Mohammed, el hijo de once años de Basel.

«Siento que estoy esperando mi turno para morir», declaró Adam, el hijo de nueve años de Basel.

Sobrevivir y ser resiliente en Gaza

Desde los años noventa, diversos equipos de psiquiatras y psicólogos han realizado numerosos estudios e intervenciones centrados en cómo atender las necesidades de una población que sobrevive a una violencia extrema como ocurre en Gaza (Miller *et al.*, 1999; Thabet y Vostanis, 1998). Los estudios más recientes muestran que satisfacer las tres necesidades psicológicas básicas puede mejorar la resiliencia a pesar del trauma en Gaza (Lera y Abualkibash, 2022). Estas necesidades se definen como universales y son fundamentales para la proactividad, un desarrollo óptimo y la salud psicológica. Son las siguientes: 1) la relacionalidad: sentimiento de conexión con los demás, cuidar y sentirnos cuidados y tener un sentido de pertenencia con otros individuos y con la comunidad; 2) la competencia, que se refiere a la sensación de eficacia en las interacciones, que lleva a transformar su entorno para el beneficio de todos, y 3) la autonomía, que se refiere a ser el propio origen de las propias acciones, un estilo basado en los intereses del ser humano con valores integrados, tener la sensación de tomar la iniciativa, escucharse a uno mismo y estar satisfecho con los valores en los que se basa.

Si observamos la realidad en Gaza a través de estas lentes conceptuales, con esta mirada, encontramos multitud de pautas de comportamiento propias de esta población, destinadas a satisfacer justamente estas tres necesidades psicológicas básicas. Estas pautas compartidas por la población pueden explicar que, a pesar de vivir un contexto bajo ocupación, asedio y bombas, durante decenas de años, los gazatíes tengan una resiliencia —o capacidad de sobreponerse— única en el mundo.

Otro momento del acto «La universidad ante el genocidio» celebrado en la Universidad de Sevilla.

1) *Relacionalidad*

La vida en Gaza se caracteriza por un alto grado de colectivismo y apoyo social, lo que puede mitigar el efecto de los acontecimientos traumáticos. La familia juega un papel importante en el fortaleci-miento de las relaciones entre sus miembros. Muchas familias han acogido a parientes desplazados y les han proporcionado un techo y ropa lo mejor que han podido. Otro aspecto de la familia palestina es el amor y el orgullo que la unen. Sus integrantes la consideran una fuente de seguridad y un refugio en circunstancias complejas, que incluyen la guerra en curso, una de las situaciones más intensas y complicadas. La familia en Gaza es algo más que la familia nuclear. El concepto árabe de *hamula* abarca los vínculos con la familia ex-tendida, que puede incluir a centenares o miles de parientes que fa-cilitan la ayuda y el cuidado mutuo.

Una manera de sentirse bien relacionado y competente es ayudar a los demás. En este sentido, mientras dura el genocidio en Gaza, los profesionales de la salud mental ofrecen muchos talleres de manera individual o apoyados por organizaciones no gubernamentales para proporcionar estrategias de autocuidado y de afrontamiento a fami-lias, madres, infantes y personal de asistencia médica.

El cine móvil durante la guerra es una de las iniciativas más im-presionantes de apoyo a la gente, especialmente a la infancia, que requiere una pantalla LCD con batería y un escáner para distraer, apoyar y educar a las personas durante un bombardeo o devolver a los niños parte de su infancia robada. También hay peluqueros que montan barberías en escuelas de la UNRWA y dan regalos a los ni-ños y niñas mientras les cortan el pelo para dibujarles una sonrisa en sus rostros. O mujeres que deciden hacer felices a sus hijos, bañán-dolos en las ruinas de los baños de sus casas reducidas a escombros.

La naturaleza de la comunidad palestina tiende a ser de apoyo, tenemos decenas de organizaciones dedicadas a mejorar la salud mental de las personas en Gaza. Algunos de los muchos ejemplos son el Programa de Salud Mental de la Comunidad de Gaza (GCMHP), la Sociedad de la Media Luna Roja Palestina (MLRP), la Comisión de Desarrollo Futuro (FDC), Enhacing Human Security (ITF) o Teacher Creativity Center (TCC), además de los esfuerzos del Gobierno de Gaza por proporcionar los mejores cuidados posibles. Todas estas instituciones intentan fomentar la positividad en adultos y niños con intervenciones psicosociales, por ejemplo, la concienciación, la terapia de dibujo, la música o el juego. Además, tratan de apoyar económicamente a las familias pobres y sin hogar, como ocurrió en muchos refugios de la zona central —Khan Yunis y Rafah— en el sur de la Franja de Gaza.

2) *Competencia*

Los gazaties muestran sus habilidades, sus estrategias para optimizar lo poco que les otorgan. Por ejemplo, en tiendas de campaña y campamentos de refugiados, para mantener el patrón de vida que continúa incluso durante la guerra en curso, celebran el ramadán con una decoración tradicional, se reúnen a desayunar en la mesa y distribuyen comida entre la gente pobre. Además, continúan haciendo una galleta local, *ka'ak*, a pesar de la ausencia de recursos y los altos precios.

Hay más ejemplos de cómo los gazaties intentan continuar con su vida cotidiana aunque sea imposible, como el de un pintor que, en su casa ya destruida, sigue pintando infinidad de cuadros llenos de positividad y energía mientras trata de describir la situación, o el de reconvertir una bicicleta en una máquina de coser para seguir trabajando. La capacidad de los gazaties para levantarse, reconstruir y recrear a pesar de la falta de todo constituye un ejemplo para otras sociedades. Un caso destacable son las universidades. Gaza, sometida a un bloqueo desde hace veinte años, ha construido y reconstruido en ese periodo doce universidades —ahora todas bombardeadas— y tiene la población mejor formada de todo Oriente Próximo, así como una conexión directa entre la generación del conocimiento y la transformación social. Todo ello hace que su población se sienta competente, capaz de transformar y mejorar su entorno a pesar de sobrevivir a un genocidio.

3) *Autonomía*

La capacidad del pueblo palestino para planificar, incluso en circunstancias muy adversas, se considera uno de sus puntos fuertes y un ejemplo sería su decisión de regresar al norte de Gaza —donde habían destruido sus hogares— incluso sin que hubiera un alto al fuego.

Otro ejemplo es la decisión de organizar una fiesta de cumpleaños entre los escombros de una casa y escribir en el pastel «Reconstruiremos Gaza otra vez». O el de unos niños que decidieron organizar un juego de rol en el techo de su casa en ruinas para ir en patines. La autonomía —o capacidad para tomar las propias decisiones— se puede ver en muchas fiestas de desahogo que los gazatíes celebran durante la guerra para seguir adelante con su vida e intentar ser tan felices como eran antes del 7 de octubre de 2023.

Cuando las necesidades psicológicas básicas están satisfechas, surge la autodeterminación, lo que en Palestina se conoce como *sumud*. El *sumud* es considerado como la llave de oro para los palestinos, este sentido interno de estar profundamente vinculados a la tierra, y, para estar allí, deben optimizar el uso de todo lo que tienen y crear todo de la nada.

CONCLUSIONES

A pesar de que la Franja de Gaza ha estado soportando desde hace décadas unos niveles de violencia, opresión y bloqueo que actualmente han adquirido las dimensiones de un genocidio, la población sobrevive gracias a una serie de características:

1. La solidaridad comunitaria, donde los gazatíes se mantienen unidos como una sola familia.
2. La flexibilidad y la adaptación, que implican que, a pesar de las circunstancias difíciles, el asedio y el hambre, son capaces de crear alegría y recursos entre los escombros.
3. La adhesión a la identidad y la resistencia cultural han ayudado a los gazatíes a soportar y mantener el equilibrio psicológico, y donde juega un papel muy relevante las convicciones religiosas.

Todo esto permite entender el predominio de la paciencia, asociada a un alto nivel de optimismo y de esperanza, que hace que los gazatíes tomen las mejores decisiones incluso cuando los matan. Estas decisiones están fundamentadas en el derecho a vivir en su tierra, que los ancla a su realidad, y en la necesidad de perseverar en la lucha y la resistencia, en fin, del *sumud*, de la autodeterminación. Al sobrevivir a un genocidio, Gaza nos enseña a ser más humanos y es una escuela para el mundo.[2]

Bibliografía

Lera, M.-J., Abualkibash, S. (2022). «Basic Psychological Needs Satisfaction: A Way to Enhance Resilience in Traumatic Situations», *International Journal of Environment Research and Public Health*, 19(11): 6.649, Disponible en línea en: https://doi.org/10.3390/ijerph19116649.

2 Como recuerda el poema «We teach life, sir», de Rafeef Ziadah, accesible en https://www.youtube.com/watch?v=h4FY8kuPBmI.

MILLER, T., MASRI, M. EL-, ALLODI, F. y QOUTA, S. (1999). «Emotional and behavioural problems and trauma exposure of school-age Palestinian children in Gaza: some preliminary findings», *Medicine, Conflict and Survival*, oct.-dic.,15(4): 368-378, DOI: 10.1080/13623699908409478.

THABET, A. y VOSTANIS, P. (1998). «Social adversities and anxiety disorders in the Gaza Strip», *Archives of Disease in Childhood*, mayo, 78(5): 439-442, DOI: 10.1136/adc.78.5.439.